日本まんじゅう紀行

弟子吉治郎
Deshi Kichijiro

青弓社

日本まんじゅう紀行

目次

第4章

古都のまんじゅう

第5章 日本文化とまんじゅう

第6章 進化するまんじゅう、不思議まんじゅう

第7章 地域限定まんじゅう

第8章 まんじゅう食いに捧ぐ

装丁――山田信也［スタジオ・ポット］
編集協力――西垣成雄／宮崎守正［ディー・クリエイト］

はじめに

おいしいまんじゅうを食べたいといつも思っています。何十年何百年と続いている老舗だからおいしいとか、いつも行列ができる店だからおいしいということなら苦労はないし、本の紹介やインターネットの評判で買い求めて、なるほどおいしいと思えればそれでいいのですが、なかなかそうはいきません。まんじゅうというものはひと口でパクッと食べるか、手で半分に割って食べるものです。お茶は番茶かほうじ茶か麦茶でいい。

ところが〝和菓子〟となるとそうはいきません。懐紙に取って黒文字《くろもじ》（和菓子用の楊枝）で少しずつ切り分けて口に運び、抹茶をいただきます。煎茶、玉露も和菓子の相手として合格です。ですが、本当は何がまんじゅうで何を和菓子に分類するのかなんてどうでもいいことです。大福はまんじゅうのなかに入ります。ぼた餅を和菓子という範疇に入れるのは、はばかられます。最中は歴然とした和菓子ですが、お茶席では使わないから無理にでもまんじゅう組に分類しておくのがいいと思います。

まんじゅうや和菓子に優劣をつけたり好き嫌いを言いたくはありません。どこそこの豆大福は豆が硬いからいいとか、あそこの羊羹はとことんまで練らずに寸止めにしてあるから口のなかでほろりと溶けるその溶け具合がいいとか、個人の好みが優劣につながって語られてしまうのが、まんじゅうに限らず食べ物の評判記の運命です。

甘いものを語るのならあんみつはどうしますか？　大学イモは？　甘納豆は？……と話に果てがなくなってしまいます。したがって、甘いものについての考現学は大雑把な話程度にとどめます。

本書は私の舌だけを頼りに書き進めますので、読んでくださる方がおいしいと思うまんじゅうが抜け落ちていてもご容赦ください。いささか独断的に取捨選択していますが、本書で取り上げたものを選べば、はずれがないようにしたつもりです。

もう一つ。常識のウソに挑戦しますが、あまり角を立てずにお読み願いたいのです。せっかくの甘いものを辛口で吟味するのは気が引けますが、お付き合いください。

こんなことを言うのは、私が滋賀県米原市のまんじゅう屋で生まれ、毎日毎日まんじゅう屋の空気を吸って育ったからなのです。

父と母は毎朝四時に起きて神棚に水と洗米と灯明をあげ、先祖が大峰山から背負って持ち帰ったと伝えられてきた役行者《えんのぎょうじゃ》像の前で般若心経を唱え、仏壇に参ってから来る日も来る日もまんじゅう作りに精を出していました。

母が水屋と呼ばれた台所で一升（千五百グラム）の米を研ぎ、竃《かまど》に火を入れているころ、住み込みの従業員たちも起きだして、大きな鍋と釜とボイラーで湯を沸かす。記憶ではプロパンガスが普及する前は割り木を使っていたはずで、納屋に山と積まれた薪を時代劇のように斧で割ってボイラー熱源にしていました。薪割りは父と数人の店員が暇を見つけては裏庭でやっていましたが、中学生になると私も面白半分で手伝ったものです。

あんこを炊き、餅をつき、その日のまんじゅうの製造が始まります。本書の取材で何軒かの店で工場を見せてもらいましたが、懐かしい気持ちが込み上げました。

第1章

絶品まんじゅう
五種

1

両月堂のよもぎ求肥

岐阜県郡上市

〽郡上のなぁ　八幡　出てゆく　時は
　雨も降らぬに　袖絞る

哀愁を帯びた民謡「かわさき」が岐阜県中央部にある郡上《ぐじょう》市で聞こえるようになるのは、七月のなかごろから。ロングランの盆踊り「郡上おどり」が始まると、地元に住んでいる人たちはもちろんのこと、都会へ出ている家族も親戚も踊りのために帰郷し、町のそこここで「まめやったかなぁ」という挨拶が笑顔で交わされます。踊りの輪に入ることを目的に多くの観光客が町を訪れ、九月の初めの踊り納めの日まで、町は活気にあふれます。

郡上踊りのメイン会場から少し離れた場所に、両月堂という小さなまんじゅう屋があります。この店に、私がいままで食べたまんじゅうのなかでいちばんおいしいと思っている「よもぎ求肥《ぎゅうひ》」という逸品があるのです。

硬すぎず柔らかすぎず、いいあんばいに練られた求肥の生地。たっぷり練り込まれているよもぎの緑の濃さ。良質の小豆の粒あんの甘さ加減。どれをとっても申し分がないのです。

よもぎ求肥がどうやってできるのかを知りたくて仕事場におじゃまするると、「よおぅおいでたなぁ」と店主の村瀬孝治さんに笑顔で迎えられました。村瀬さんは「材料惜しまず、手間惜しまず」をモットーにまんじゅう作りに精を出して、やがて五十年になるとか。

「よもぎ餅やよもぎ大福は全国いたるところにありますが、よもぎ求肥は珍しいですよね」と尋ねると、

「若い時分に岐阜で修業してましてなぁあ、そこで覚えたんです」。村瀬さんの郡上言葉は語尾が丸くて、話しているとどこかほっとできるのです。

求肥は温度加減で出来具合が違ってくるらしく、話しながらも、火加減に気を配り、手が休まることはありません。

「二百匁《もんめ》（一匁は約四グラム弱）の白玉粉を練ってこの蒸籠《せいろ》で蒸しますのや。それからだいたい同量のよもぎを混ぜて、次に卵白を入れて蜜にした四百匁の砂糖を足して練るんですぅ」

「村瀬さんはグラムじゃなくて匁ですか？」

「あはは、どっちでもエエんやけどなっ、この秤《はかり》はグラムでも匁でもどっちでもいけますのや」

「それにしても、よもぎも砂糖もびっくりするぐらいたっぷり入れるんですね」

「そおやんなあ。砂糖はたくさん入れんと求肥が硬うなるし、一種の防腐剤の役割もありますでな」

すべての材料が鍋に入ってしばらくは、混ぜるのは機械におまかせ。頃合いを見計らって奥さんがお

菓子と冷たい抹茶と温かい桜湯を持ってきてくれました。

「ありがとうございます。おや？　このお菓子は新製品ですか？」

「そうなんですよ。この人はこんな年になってもまだ新しいものを作るんですよ」

「お客さんはそうそう変わらんでなぁ、少しずつ新しいものを作らんと飽きられるでしょ」

「そりゃまあそうですね」

と私が相槌を打つと、奥さんの注釈が入ります。

「飽きるのは、お客さんじゃなくてこの人なんですよ。ほんとに飽きっぽいんですから」

とにらんでみせると、村瀬さんが顔をほころばせて言い返します。

「飽きんのはこの嫁さんだけです」

「おかげさんでなぁ」

奥さんは目を細めて笑う。

仲に立つ人があって、隣町のパン屋で働いていた奥さんを一度見てこいとすすめられ、お母さんもこの人ならいいということで結婚し、仲睦まじく店を切り盛りしているとのこと。

そんな話を聞いているうちに、いよいよあんこを求肥で包む作業に入ります。柔らかく熱い求肥を片栗粉の上に置き、適当な大きさにちぎって、へらであんこを包み込む作業が続きます。できたてを一つどうぞと言われ、ちょうだいすると、私は思わず「あっ」と声を上げました。おいしさが突き抜けている。形容に困る柔らかさなのです。歯触りがきちんとあるのに、印象派の画家ルノワールが描く沐浴する女たちのおっぱいよりもずっと柔らかいのです。さらに驚いたのは、作業工程では感じなかったのに、あんこと一緒に口に入れた途端、よもぎの香りが口のなかに広がったのです。鼻腔にではなく、舌の先に残ったのです。

村瀬さんが同じことを言う。

「わし自身も不思議やなぁと思っとるんですがな、工場ではちょっともせんのに、こうやってできたよもぎ求肥を食べると口んなかにエエ匂いがひろがるんですぅ」

小豆をひと晩水に浸けるところから始まって、最終的に一つひとつを包装するまで五日もかかります。途中の卵白の加え方とか、何か特別な工夫があるのでしょうが、その手間のかけ方がおいしさにつながっているのは間違いないようです。

両月堂のよもぎ求肥には、山懐の町の盆踊りに込められた情感を凝縮したような味わいがあります。ひと口食べると人生の奥行きを味わうことができ、ふた口食べると幸せとは毎日毎日の温かく深い日常性のことなのだよねぇと納得させられるのです。
たかがまんじゅう一つにどこまで思い入れを詰め込むのだと叱られるのを覚悟で、もう少しだけ言わせてください。
このよもぎ求肥には、ベートーヴェンのピアノ・ソナタ『月光』の揺らめきがあります。これを食べながら阿弥陀経の極楽国土を夢見ることができます。歌舞伎『勧進帳』で花道の弁慶を見送る富樫《とがし》の心中にも似ています。人類最初の宇宙飛行士ユーリイ・ガガーリン少佐に「地球は青かった」と言いながら食べてほしかった。

愛知県の名神高速道路一宮ジャンクションから東海北陸自動車道で一時間、電車なら高山線の美濃太田から長良川鉄道で一時間半。小京都と呼ぶにふさわしい情緒あふれる小さな町は、六月になると町を流れる清流長良川と支流吉田川を鮎釣りの人が埋め尽くします。お盆前後には四日間の徹夜踊りがあり、文字どおり夜を徹して踊ります。情緒たっぷりの「かわさき」と同じくらいの人気曲は下駄を軽やかに踏み鳴らして踊る「春駒」。そのほかにも「三百」「ヤッチク」「古調かわさき」「げんげんばらばら」「猫の子」「さわぎ」「甚句」「まつさか」など、歌詞の内容もテンポもメロディーもバラエティーに富んだ十曲もの踊りがあって、決して踊り子たちを飽きさせることがありません。

釣りの合間や踊りに疲れたら、店の一隅にはちょっとした喫茶コーナーもありますから、奥さんがいれるコーヒーと一緒に試食してみてはいかがでしょうか。

よもぎ求肥のほかに「郡上育ち」や「深山あけび」も絶品です。

夏休みに郡上へ行くと、小学校の三、四年生ぐらいの子どもたちが、町のなかを流れる吉田川にかかっている高さ四メートル以上の橋桁から川にダイブするのが見られます。最初に飛ぶ恐怖を克服することが大人への通過儀礼になっているのですが、見ているほうもハラハラします。

●両月堂
〒501-4222 岐阜県郡上市八幡町島谷1311
電話 0575-65-3812

2

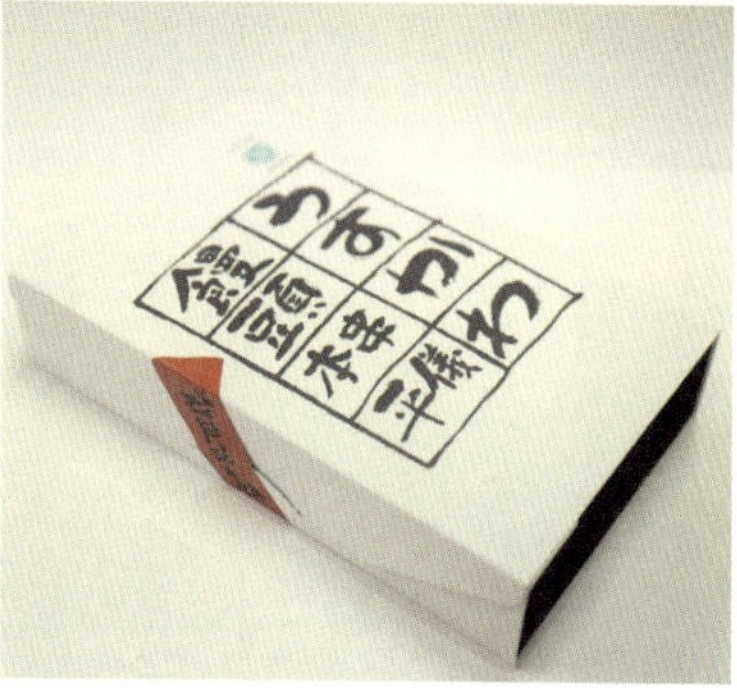

儀平のうすかわ饅頭

和歌山県串本町

白いまんじゅうが長い地球の歴史のなかでにっこりほほ笑んでいます。

日本列島がいまの形になる千二百万年前よりさらに少しさかのぼったときのこと。和歌山県串本の海ではマグマが地球の内部から上昇して冷えて固まり、さらにフィリピンプレートに押し上げられて海面に突き出し、波に浸食され橋杭岩というすばらしい景観を作りました。

その橋杭岩をイメージした形のまんじゅうが絶品・儀平のうすかわ饅頭なのです。包餡機《ほうあんき》で皮にあんこを包んだあと、職人が一つひとつ小さな岩のように見える独特の形に整えます。

儀平のうすかわ饅頭のあんこは舌先での溶け具合が芸術的です。前夜に降った初雪が朝の光で湯気になって消えるようにはかなく溶けます。黒潮が最接近する温暖なこの地のまんじゅうを初雪になぞらえるのは、適当ではないので言い換えます。珊瑚礁の浜の白い砂のように、さらさらさらさらと舌でも味蕾でものどでもあんこと同時に甘さも溶けてしまうのです。

このまんじゅうのこしあんはほのかに甘い。品よく甘い。「甘すぎない」という表現を通り越しています。小さな声で言いますが、甘くないのです。それでもまんじゅうですから、やはり奥ゆかしく甘い。

製法の秘密を探ることに意味はありません。儀平のうすかわ饅頭はあんこが甘くないのにおいしい、それで十分だと思います。なぜほかのまんじゅうと違うのかは作る職人さんたちのプライドですから、私たちお客はこのまんじゅうは何かが違うということさえ舌が感じればいいと思っています。

「聞かぬが花」と思いながらも、儀平橋杭店で製造部長の丸山正雄さんから話を聞かせてもらいました。南紀熊野ジオパークに登録されている橋杭岩がすぐ目の前に並んでいます。大中小さまざまな大きさと形状の岩が橋桁のように海に向かって四十近く並んでいるのです。

「単刀直入にうかがいますが、うすかわ饅頭の甘さに何か工夫があると思えてなりません。企業秘密であれば、そう言っていただいてかまいませんが、上白糖で作る甘さとは何かが違うように思えるのですが」

丸山さんは柔和な顔ですんなり答えてくれました。

「はい。グラニュー糖を使っています」

「全部ですか?」

「そうです」

「なるほど、そういうことですか。道理で甘さが穏やかなんですよね」

グラニュー糖は上白糖よりも純度が高いから、甘さがすっきり軽い。もちろん原価は高いが、おいしさ第一の儀平ではそんなことにはこだわっていないようです。

話が進むなか、うすかわ饅頭をコーヒーと一緒に出されたが、コーヒーにも合うのです。

できあがって数時間のものはひときわ柔らかく、あんこの小豆の香りが際立っていました。

「あんこのことも聞かせていただけますでしょうか。私が知っている範囲では、一般のまんじゅう屋さんではこしあんは製餡所から生あんを仕入れてそれを炊き上げるけれど、粒あんは自家製という店が多いのですが、儀平さんはどうなのでしょうか」

「うちは全部自家製です」

やはりそうなのだ、と私は納得しました。小豆を水に浸けてあんこに炊き上げる過程は、豆の皮やかすを取り除く作業など、相当念入りにやらないと、この溶けるような舌触りにはならないはずだと思っていましたがそのとおりでした。

「小豆は北海道産ですが、やはりその年によって微妙に出来不出来があります。味にはあまり関係ないのですが、気をつけているのは色ですね。小豆色といっても赤っぽい、黒っぽい、紫っぽいなど発色が微妙に変わるので、気を使います」

儀平のうすかわ饅頭は酒まんじゅうだから皮に酒種が入っていますが、ほかの店の酒まんじゅうのように酒の香りが強いわけではありません。どうやらこの酒種にも儀平さんの創意と工夫がありそうなので尋ねました。

「うちは甘酒を使っていますが、それも自家製です。米麹《こめこうじ》を室《むろ》で作っていますが、生き物なので温度管理には気を使います」

何から何まで丁寧に丁寧に作り上げているのです。

私はおいしさの理由に十分納得できたので、最後に日持ちのことを聞きました。現在、和菓子屋の多くは一つひとつを密封してそのなかに脱酸素剤を入れて日持ちを延ばしていますが、うすかわ饅頭はそういう細工をしていないのです。

「うすかわ饅頭の日持ちはどのようにされているのですか？　そもそも砂糖が少ないということは日持ちの面では不利ですし、脱酸素材も使われていませんし、しかもお取り寄せにも対応されていますよね」

「日持ちは、製造した日を含めて冬場は三日、夏場は二日です。砂糖や水飴を入れれば日持ちはしますが、うちは味が第一ですので、できたてを食べていただくようにお願いしています。お取り寄せはクール便を使っていますが、場所によっては到着日に食べていただくようにお願いしています」

このまんじゅうのいちばんの特徴は、店の――代々の店主の――つまり儀平というのれんの気持ちなのです。儀平の心根が伝統の技であり、儀平の了見のよさが製品に表れているのです。


少し横道にそれます。

分類にさほど意味などないのですが、儀平のうすかわ饅頭は酒まんじゅうに分類されるべきなのでしょう。しかし、皮とあんこの透け具合から見れば田舎《いなか》まんじゅうに属するかもしれません。田舎まんじゅうは小麦粉の生地で作った皮がそれなりに薄くて、なかのあんこが見えているものを指しますが、この皮の厚さと含まれている成分によって、微妙に名前が変わったり味や舌触りが違ってくるのが、まんじゅう好きにはたまりません。皮に黒糖を入れてあるのを「大島まんじゅう」と呼んだり、少し上品な店では、田舎まんじゅうのことを「吹雪まんじゅう」と呼んだりします。土に見立てたあんこの上の雪に見立てた白い皮の風情から取っているらしいのですが、やっぱり飾り気のない田舎風のまんじゅうですから、呼び名は田舎まんじゅうが似つかわしいように思います。

儀平のうすかわ饅頭は田舎まんじゅうのイメージとはかけ離れて、見た目も味も洗練されています。同じ田舎でも、平安貴族が都を離れて住んでいるひなびた別荘があるような田舎なのです。警護の者が十人ほど、身辺の世話をする女官が七、八人、台所を任される男と女が五人ほど。魚と野菜は毎朝、土地の漁民と農民が届けにくる。そんな貴族が食べる田舎のまんじゅうのような気品があります。

儀平にはほかにもいくつもの人気商品があります。私が好きなのは「芋いも」と名付けられた黄味あんの焼きまんじゅう。シナモンの香りが何ともいえません。灌漑用水に苦労した潮岬では芋の栽培が盛んで、その食文化遺産ともいうべき優れものです。

そしてもう一つが「芦雪《ろせつ》もなか」。この最中の名前は串本無量寺の重要文化財「虎図」に由来するのですが、詳しくは現地で確かめてください。円山応挙の高弟長沢芦雪が襖に描いた虎は躍動感に満ちているのに、どうにもこうにも愛嬌があってかわいいのです。もちろん最中の味は一級品です。

●儀平
〒649-3503 和歌山県東牟婁郡串本町串本1851
電話 0735-62-0075
http://gihei.com

3

長浜市全域のがらたて

滋賀県長浜市

五月半ばを過ぎると、腰がふわふわ、気はそぞろになります。今年も「がらたて」の季節がやってきたのです。カレンダーとにらめっこしながら、いつ故郷の滋賀県に帰り、どの店のがらたてを食べるかを考えなければなりません。

ただし「がらたて」という言葉は、滋賀県の長浜市を中心として、米原市や彦根市に限った方言のようで、他地区の人には何のことかさっぱりわからないから困ります。滋賀県に生まれ育ったか、結婚して滋賀県にきたか、転勤してきた人たちはご存じのはずの地域限定のまんじゅうです。

野趣豊かというよりは、とにかく素朴なまんじゅうなのです。そのまんじゅうの上と下に敷く少し肉厚でほぼ丸い葉っぱが、がらたてと呼ばれているのですが、この葉を付ける植物の正式名称はサルトリイバラといいます。山帰来《さんきらい》とも呼びます。春先に芽が出て一メートル近くの硬いつるに葉が付きます。

棘もあります。秋には赤い実がなり、わびさびが感じられる花材として使われたりもします。根は漢方薬の材料になります。そもそも葉の名前ががらたてだから、これを使うまんじゅうをがらたてと呼ぶのか、先にこのまんじゅうをがらたてと呼んでいて、それに使う葉っぱをがらたてと呼んだのかはわかりません。

私自身は大好きなまんじゅうの第一に挙げていますが、メリケン粉（アメリカからもたらされた小麦粉の意味）をゆるめに溶いてその生地で粒あんを包んで葉っぱにのせて蒸篭で蒸す、農家や一般家庭でも作れる素朴なまんじゅうなのです。

実にポピュラーなまんじゅうなのですが、いったいどんな味がするのですかと聞かれると困ります。普通のおいしさなのです。いってみればお米のおいしさ、じょうずに炊いたごはんのおいしさ。

舌触りや味が似ているほかのまんじゅうを考えてみるのですが、なかなかどんぴしゃのものがありません。皮は田舎まんじゅうや薯蕷《じょうよ》まんじゅうや酒まんじゅうのようには膨らませていないので、むしろ団子の舌触りに近いかもしれません。あんこは田舎まんじゅうのあんこと同じ作り方で、茹でた小豆に砂糖を入れて混ぜながら煮るので、つぶれた小豆の皮があんこのなかに残っています。そして塩漬けのがらたての葉っぱのふわっとした香りがするのです。

うん、そうです。炊いたごはんに塩だけ付けたおにぎりのおいしさです。

あえて食べ物以外で表現するなら矢絣の着物、籐の乳母車、柘榴《ざくろ》の花咲く石段、田植え、神社の狛犬、双子の笑い顔など、思い起こす懐かしさが包まれた味でしょうか。

滋賀県の湖北地方ではあまりに多くの店で作っているので、どこの店のがらたてがいちばんおいしいと断言できないのが残念です。逆にいえば、どこで買ってもほぼ同じ味がするから安心です。

長浜市で上生菓子も作っている柏屋老舗《かしわやろうほ》の北倉康博さんの作り方はこうです。蒸篭にがらたての葉を敷いておきます。メリケン粉とその半量の米粉と適量の砂糖をボールに入れます。そして、塩を加えた熱湯で溶いて混ぜながら生地をゆるめていきます。生地のゆるめ具合は、できあがったときの皮の厚さとイコールになります。生地のなかにあん玉を置きます。というか、一つずつ落としていきます。落とすことによってあん玉が多少生地に沈み込みます。そのあん玉の上と周囲に竹のへらで生地をかぶせていきます。形を整えて蒸篭に置き、上からもがらたての葉っぱをかぶせます。まんじゅう屋だった私の生家ではがらたて作りはもっぱら母の仕事でした。母は生地を薄くしたいと考えていたので、あえて柔らかい生地を手の平で包んでいました。なかのあんこが見えるぐらい薄くしたい店では、ボウルのなかで溶かした生地にあん玉をドボンと落として箸でつまみ上げたり、網の柄《ひ》杓《しゃく》で取り出して蒸篭に入れるところもあるようです。

待つことしばし。

蒸し上がったがらたてを「食べてみますか?」と北倉さんがすすめてくれました。もちろん、「いただきます」と、まだ熱いがらたてをホガホガ言いながら食べました。うまい! 厚めの生地にがらたての葉のそこはかとない香りがついてわずかな塩気がある。それをガブリと食べると、やったぁー、今年最初のがらたてはできたてのほやほやで、北倉さんの解説付きですこぶるおいしかったのです。北倉さんは、「がらたては滋賀県民のソウルフード、ソウルスイーツですよね」と笑顔で話します。

田植えや草取りの時期の三時のおやつにはぴったりで、昔は小麦粉も米粉も小豆ももちろん葉っぱも自家製で間に合わせただろうし、塩は塩分補給の意味と甘みを立たせる意味もあるでしょう。上下の葉っぱを持ってそのまま食べられるのもいい。

私の実家のまんじゅう屋では、町の人から買ったり、番頭さんが中心になって、私も手伝って裏山にがらたての葉っぱを採りにいったりしたものですが、当時の米原は国鉄（現ＪＲ）の東海道線と北陸線の分岐駅であり、蒸気機関車が石炭と水を補給するため長時間停車して、町中が機関車の煤煙ですすけていました。米原のスズメは腹が黒いといわれたくらいだから、裏山で採ってきたがらたての葉は大きな水槽に浸け、何度も洗ってから使っていました。

インターネットが万能の現代では、語源探り好きな人ばかりだから、がらたての語源とルーツ探しはおまかせしますが、少しだけ小さな間違いを指摘しておきます。「がらたて餅」という表現をときどき見かけるのですが、滋賀県ではがらたての後ろに餅を付けて呼ぶことはありません。餅というのは蒸したもち米（餅粉を含む）をついて、あるいはこねて作るものです。がらたてはメリケン粉が主原料ですし、決してつくわけではないので餅ではありません。

いちばん庶民的なまんじゅうであるがらたて作りが終わった北倉さんは、「落とし文」と「きんとん」という上生菓子を作り始めました。「金沢や京都には文化としての和菓子作りがあるのですが、残念ながら長浜にはないので私なりにいろいろ努力しています。十一月に開催される「長浜きもの大学」というイベントでは和菓子作りをお教えしているんです」と積極的です。若いころ、京都の老舗で修業した技を生かす北倉さんは、今日も楽しく和菓子を作っています。

がらたては長浜市内の和菓子屋ならどこにでも売っているのですが、どうせなら柏屋老舗の本店かまちの駅、アミス、黒壁五號館札の辻本舗で買ってみてください。柏屋への道筋は、曳山《ひきやま》博物館近くにあるみごとな庭と三和土《たたき》がすばらしい書店・文泉堂で聞いてください。

長浜港から国宝の宝厳寺《ほうごんじ》と都久夫須麻《つくぶすま》神社がある竹生島へ船旅を楽しむときは船着き場の売店でも売っています。拙著『湖猫、波を奔る』（サンライズ出版、二〇一二年）の舞台になった神秘的な島です。水上勉の『湖の琴』（講談社、一九六六年）に描かれた余呉湖近くの売店やあぢかまの里という道の駅にもいろいろな店のがらたてが並んでいます。

米原市なら、梅花藻が美しい醒ヶ井の丁子屋でどうぞ。

●**柏屋老舗**
〒526-0025 滋賀県長浜市分木町3-36
電話 0749-62-0621
facebook kasiwayarouho

4

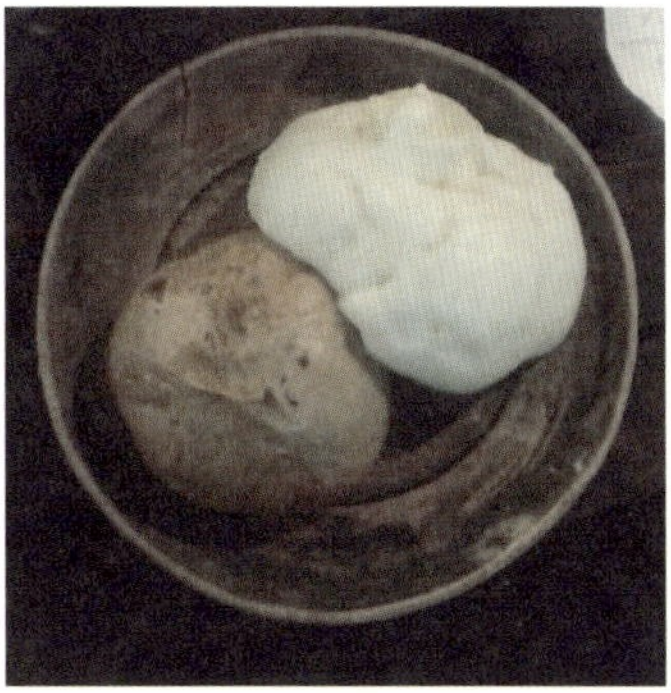

神楽坂のマンヂウカフェ

東京・神楽坂

坂道の町を風がさざめき合って通り過ぎていきます。

遠い時代のことですが、「ゲイシャ・ワルツ」という歌がありました。好きな男性とチークダンスを踊っている芸者が、着物の裾が乱れるのが恥ずかしくもあり、うれしくもあるという陽炎《かげろう》のような恋模様が歌われていました。その歌手の苗字が神楽坂、名前がはん子さん。

東京のなかで私がいちばん好きな町が神楽坂。ここには、言霊や音の女神や命の滴《しずく》や消されてもなお漂う香りと匂いがあるような気がします。夕暮れどき、黄昏どき、三日月の夜などに一人歩きするところざかしい智が溶けて消え、心だけがひたひたと路上を濡らす、そんなすてきな怖さがある町なのです。

神楽坂上の交差点を坂の下へ曲がって十メートルほど歩いたところにマンヂウ屋があります。正確にいうと、マンヂウカフェムギマル2。ＩＴやデジタルとは縁がなさそうなたたずまいの店です。路地の横手にある入り口を入ります。

「こんにちは」

「はい」

「二階、いいですか？」

「どうぞ」

女性店主と私の会話はとてもシンプルでした。

彼女が立ち働いている厨房は外光できらめいているのですが、私が足を踏み入れた店内とこれから上ろうとする階段はとても暗い。十二時の開店直後でしたから、まだ電気がついていなかったのです。靴を脱ぎ、手すりを伝って急な階段を上り、それらしきスイッチを押したりコンセントを探して部屋を明るくすることに成功しました。ハハーン、なるほどこういう店なのかとぐるりと見回しながら、でも自分が何をなるほどと思ったのかわからないことがわかった、というややこしい話になりそうなので、先に結論を明かしてからおしゃべりを再開することにします。

暗いなかで小さな文字が並んでいるメニューから、白地にチーズのマンヂウと黒蜜地につぶあんのマンヂウを頼みました。十五分ほどしてコーヒーと一緒に掘りごたつの上のテーブルに運ばれてきた二つのまんじゅう。どちらを先に食べようかと少し考えてから決めました。先にあんこを食べてしまうと、チーズの逆転勝ちになってしまう気がしたので、白地のチーズ入りを先に口にしました。

これはうまい。白地のふかしマンヂウの生地にチーズをくるんであるのですが、このコラボは予想どおりというより期待を超えた上質の味でした。文句のつけようがない。

ドリンクメニューにコーヒー、紅茶、煎茶、抹茶、ハーブティー、チャイなどがあって、ワイン、ビール、ホットラムティー、シードルなどがあるのは、この白地のチーズマンヂウとの相性はお客様がお決めになれば……との店主の考えなのでしょう。

続いて食べた黒蜜地とつぶあんのマンヂウには仰天しました。

メニューの生地を整理すると、白、黒蜜以外にヨモギ地、アールグレー紅茶地があって、あんにはつぶあん、チーズ、お芋のペースト、チョコレート、うぐいすあん、ゴマあん、シナモンつぶあん、生姜あんとあるのです。計算上は組み合わせ方が三十二種類くらいありそうです。

私が選んだ黒蜜地のつぶあんのあんこがすばらしい。ひと口かじったとき、その甘さの底にあるうまさに気がつきました。

帰るときに「ごちそうさまでした。あのー、あんこの甘さがとてもよかったのですが、どうしてあんこがこんなにおいしいのですか？　砂糖が違うのですか？」と単刀直入に聞きました。

店主はすぐに答えてくれました。

「そうです。上白糖にきび砂糖をブレンドしてあります」

「なるほど、きび砂糖ですか。それでコクがあるし、いい風味がしたのですね」

私はこのマンヂウをひと口かじったあとであんこだけをなめ、続いて皮だけをちぎって食べ、またひと口、皮とあんこを一緒にかじりました。マンヂウのおいしさは砂糖によって左右されます。純度が高いグラニュー糖や白双糖《しろざらとう》を使って作ったマンヂウは、甘さがさらりとしています。きび砂糖がブレンドしてあるからこその甘さの深みだったようです。

聞けば、このマンヂウは山梨の祖父が家族用に作っていたのが始まりで、何かの集まりがあると出しているうちに「売ってくださいな」と言われるようになったそうです。東京では、台東区根岸でムギマルを出店、数年前に神楽坂へ越してきてムギマル2になったという話です。

素朴な田舎のマンヂウが、神楽坂という独特の土地で静かに花開いた感じがあります。ムギマル2のマンヂウカフェには不思議な「気配」が漂っています。それが何であるのか考えながら食べてみるのも楽しいと思います。

先ほどの話に戻りますが、二階へ上がって私が「なるほど」とつぶやいたのは、店内に漂う何ともいえないアットホームな気配を感じたからだと思います。マンヂウ屋でもないカフェらしくもない昭和の下宿屋のような雰囲気がある。マンヂウは手づかみで食べればいいし、あぐらをかいておしゃべりしながら食べればいいじゃないかという普通の生活が垣間見えたからでしょう。

●マンヂウカフェ ムギマル2
〒162-0825 東京都新宿区神楽坂5-20
電話 03-5228-6393
http://www.mugimaru2.com/

5

徳太樓のきんつば

東京・浅草

浅草はいいですね。何がいいかというと、少し前の時代の日本の風情が残っている場所がいくつもあるところでしょうか。観音様と雷門と仲見世を避け、あまりに多い外国人客が出没しない場所を選べば、東京はエライ！、浅草は偉い！、と浅草に対する点数が上がってしまいます。

そういう不思議な浅草を紹介するためにも、日本一おいしいきんつばの店の話をします。観音様の裏手にある小さな店、徳太樓のきんつばが私のお気に入りなのです。

私は常々、食べ物をこれはおいしいとかこっちはおいしくないとかと比較するのはよくないことで、ましてどれが日本一だの、三大何々だのとランクづけするのはおかしいじゃないかと語ってきました。おいしいかどうかは、その人の味覚の問題ですから、自分の感じ方と違うからといって相手の人格までを見下したりするのは大間違いです。そんな私ですが、徳太樓のきんつばはいままで食べたきんつばのなかで日本一うまいと思っています。言い訳ですが、まだ私が食べていないきんつばのなかにもっとおいしいきんつばがあるかもしれないとは思いますが、徳太樓のきんつばはとてもいいのです。

もう一つ白状しておきますが、かつて私は雑誌に「三都きんつば比べ」という禁じ手を書いたことがあります。その三つとは大阪・出入橋のきんつば、名古屋・大須の栄泉堂のきんつば、そして東京・浅草の徳太樓のきんつばだったのですが、名古屋の栄泉堂が何らかの事情で店がなくなったので、必然的に東西のきんつばの一騎打ちになりました。

大阪・出入橋のきんつばは、きんつば界のアニキのような存在でとにかくうまいのです。しかも威勢がいい。形は不ぞろいだし箱のなかで整列していなくて、行儀が悪いのですが、それは減点対象にはなりません。なぜなら、うまい。おいしいのではなく、うまい。小麦粉の皮はしっかりとしていて、噛むともちっと歯ごたえがあって、きんつばの王道をいっています。皮が多少厚いところや薄いところがあってもうまさには関係ない。焦げ目はほんの少しだけついている。ひと口食べて、すぐにもうひと口、そこでお茶を飲んで残りを食べて満足できるのです。

一方、東京・徳太樓のきんつばは、お嬢さまのきんつばといえるかもしれません。これら二つのきんつばに優劣はつけがたいのですが、あえて選ぶなら優がつくのは徳太樓のきんつばなのです。

理由を考えてみました。一つ目は店がある場所です。徳太樓は浅草とはいえ仲見世の喧騒とはほど遠く、静かなたたずまいの仕舞屋《しもたや》が続く古い通りの一角にあります。通り沿いには浅草見番《けんばん》などの看板も見受けられ、腰の曲がったおばあちゃまが乳母車を杖がわりに押して歩いていたり、ネコが大あくびをしたり、窓の格子につるを絡ませて白い夕顔の花が咲いていたりする町なのです。しとしとと雨が降る昼前にお姐《ねえ》さんが蛇の目傘に高下駄で買いにきたら絵になります。四十歳前後の営業マンがお得意先への手みやげに二十個入りを三箱買って領収書をもらってもいい感じです。

他方の出入橋きんつばはいかにもロケーションが悪いのです。どんな食べ物でも食べる前に買う楽しみってものがあるでしょ。しかし出入橋きんつばの本店は背後に阪神高速道路が走っています。これは残念というほかありません。きんつば好き、まんじゅう好き、甘いもの好きがいつものように来ていつものように買っていくのですが、通りがかりに買う雰囲気がないのが残念です。川と運河と橋と商売の町大阪らしく飾り気なしのストレートな店なのはいいのですが、あまりに雰囲気がなさすぎます。

とはいうものの、二〇一四年の十一月、大阪一の商売と金融の町北浜に出入橋のきんつばの支店が誕生しました。たまたま店の前を通りかかったとき、喫茶コーナーも充実していて人気上々の様子でした。高齢者よりもむしろ若いお客のほうが多いように見受けました。ご同慶の至りです。

二つ目、徳太樓は客あしらいが実によく、心が和む。出入橋のきんつばも若いお嬢さんがてきぱきと客に対応していて完璧ですが、徳太樓の店に立っているのは、きんつばのほのかな甘さとあんこに入っている寒天の滑らかさにも似た若さ控えめな女性なのです。この方が売っているのはきんつばにちがいないのですが、きんつばと一緒に私たちに豊かな気持ちを売っているようにさえ思えます。

三つ目、徳太樓のきんつばが小さいことがポイントの高さにつながっています。徳太樓のきんつばは女性好みの大きさで、食事のあと、お酒のあとで少しだけ甘いものが食べたいときなどにピッタリなのです。出入橋のきんつばも大きいというほどではありませんが、徳太樓のものはさらにひと回り小さく、花柳界近くの店ならではの大きさです。

近頃、庶民の甘いものの代表格であるおはぎをなぜかバカでかくして売っている店が多いのですが、あれは感心しません。高齢者のことを考えれば甘いものはより小さく作ってほしいものです。足りなければ二つ食べるだけのことですから。

蛇足ですが、徳太樓で買う場合、小さなひねり技があります。「すみません、お店の前のベンチでいますぐ食べたいので別にもう一つくださいますか?」と頼むと、下町風の笑顔のすてきな女性が「どうぞどうぞ」と許してくれます。

日持ちがするとはいえ、時間経過はきんつばの表面からほどよい水分を奪ってしまうので、できてから時間を置かずに食べると明らかにおいしさが違います。どうぞお試しください。

以上、優劣つけがたい東京・浅草の徳太樓のきんつばと大阪・出入橋のきんつばなのですが、総合得点として徳太樓を上位に据えます。

きんつばの話の最後に寒天のことを書いておきます。出入橋のきんつばも徳太樓のきんつばも、あんのなかに適量の寒天が入っていて口当たりをよくしていますが、まったく寒天を入れていないきんつばもあります。これは当然口のなかでもしょもしょしてよろしくない。他方、東京と北陸のおいしいと評判の店のきんつばは寒天が多すぎて、あんこのよさが消えてしまっています。小豆を蜜煮にして形を残している名店もありますが、これもあまり感心しません。小豆の粒が主張しすぎると、皮の意味がなくなってしまうのです。きんつばは皮とあんとが仲良くなければいけないのです。

●**徳太樓**
〒111-0032 東京都台東区浅草3-36-2
電話 03-3874-4073
http://tokutarou.net/

第2章

田舎まんじゅうの仲間たち

1

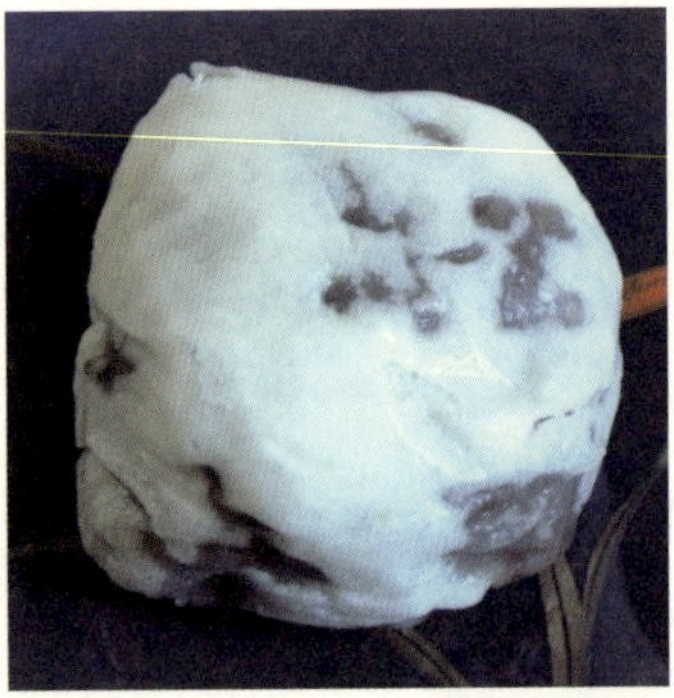

田舎まんじゅうと薯蕷まんじゅう

私はまんじゅう屋の息子として生まれ、おやつがわりにあんこをなめて育ちました。そんな私にとって、まんじゅうの王様は田舎まんじゅうです。私が田舎まんじゅうをまんじゅうの王様というのは、王様だから地位が高く権力の頂点に君臨しているという意味ではありません。どこの田舎まんじゅうは舌触りがいいだの、甘さがくどくなくていいだの、そういう批評家的な食べ方を必要としない、とにかくにもまんじゅうの中心に腰を据えているのが田舎まんじゅうなのです。

昭和の時代ならどこの町のまんじゅう屋でも作っていたポピュラーなまんじゅうですが、いまでは百貨店に出ているような和菓子店では田舎まんじゅうは作りません。皮が破れた場所からたっぷり入ったなかの粒あんが見え隠れしています。このあんこは粒あんといえば粒あんですが、小豆の粒々の原形をとどめていないことのほうが多いので、「つぶしあん」と呼ぶ店もあります。

いま、ここに田舎まんじゅうが五つあるとしましょう。はらはらと紅葉が散るのを目で追いながら最初の田舎まんじゅうをパクッと食べます。穏やかな午後の心地よさが気持ちの隅々にまで染み込んできて、ウフフッと笑ってしまいます。ほどのよさとはこういうことでしょう。

もう一つ食べます。昭和の田舎まんじゅうの下には薄板が敷いてありましたが、そこにも生地とあんこがくっついていました。それを歯と舌でこそげて食べます。秋の一日を刻む時計はどうしてせっかちなのでしょう。ほうじ茶をゴックンと飲むしばしの猶予も与えてくれなくて、紅葉の梢の影を少しずつ縁側にまで落としてよこします。

三つ残った田舎まんじゅうをどうしましょうか？一つずつぴったりとラップにくるんで冷凍しておけば、食べたいときに電子レンジで二十五秒チンして食べられます。

こうしておけば、まんじゅう飢餓に陥らずにすみます。

こういうまんじゅうを隣人に持っていけば喜ばれますが、隣人との近所付き合いでは、いくつか考えなければならないことがあります。

茶道をたしなんでいる方だと、まんじゅうは懐紙に包んで持参するのが作法の第一です。次がまんじゅうの種類です。

「おまんじゅうというのは薯蕷《じょうよ》まんじゅうとしたものです。何とおっしゃられようと茶道をたしなむ者には姿形のよくない田舎まんじゅうは合いません」と言われるかもしれません。

「薯蕷まんじゅうをいただけばその店の主人なり職人さんの考え方や熟練度を察することができるのです。材料のお芋そのものの産地や保存方法などで品質がずいぶん変わってきますし、こしあんは粒あんに比べて何倍も手間がかかるのです。そういう総合芸術が薯蕷まんじゅうなのです。皮の舌触りからあんこの溶け具合まですべて違うのです。つくね芋を混ぜた米粉でできた皮が真っ白で美しい。あんこもこしあんで口溶けがいいのです」と一蹴されかねません。

さて、どの店の薯蕷まんじゅうがおいしいかは食べ比べるしかありません。確かなことは、その店に午前中に行って、「これはけさ作られたものですか?」とすました顔で聞いてみて、「いいえ昨日です。それなりに日持ちがいたしますので」と答えが返ってきたら、買うのをやめたほうが賢明です。

2

高橋の酒まんじゅう

東京・荻窪

いくら東京にたくさん人が住んでいるからといって、酒まんじゅうだけを売っている店が成り立っているのは驚きです。しかも、たいてい昼過ぎに売り切れてしまうというのです。おいしいからこそ売れるとはいうものの、十個二十個と買っていく人も多く、人気の高さがうかがえます。

高橋の酒まんじゅうの特徴は、まずは皮。ラップをゆっくりはずしていくと、ふわ〜ん、くく〜んとてもそそられる香りがするのです。酒まんじゅうですから酒の香りがするのは当たり前ですが、これはストレートな酒の香りではありません。何ともいえない旨き匂いが広がるのです。単に酒が香るだけなら下戸の方には敬遠されるかもしれませんが、煮物の下味に入れた酒のように、じんわりきいているのです。

慌ててはなりません。一気にガブッとかじらないで二つに割って、まずは皮だけを食べます。当たり前ですが、皮に味がします。まさかの旨さを秘めているのです。しかも、もちもちした食感はムフフの舌触りなんです。そしておもむろにこしあんを舌先で少しなめてみてください。うまい甘さでしょ。甘うまいでしょ。想像しているより甘いはずです。

さあお待たせしました。至上の幸せをあなたに贈ります。ガブリと三分の一食べてください。ほ〜ら甘さがどこかへ消えたというぐらい滑らかになったと思いませんか？　これが高橋の酒まんじゅうの不思議なのです。それぞれの素材がしっかり主張しているのに混ざった途端に溶け合い、別のうまさを醸し出すのです。

酒まんじゅうは全国どこの地方でも作られていて、その土地ごとにここがいちばんという店があります。そのため、日本でいちばんおいしい店を紹介するというわけにはいきませんが、高橋の酒まんじゅうは群を抜いてうまいです。

さらに酒まんじゅうはその日のうちに食べるのがおいしいことに間違いないのですが、次の日に硬くなってからオーブントースターで焼いて食べると、皮が香ばしくなり、酒の香りとミックスされてできたてよりもおいしいという人もいます。

ここでも高橋の酒まんじゅうは少し違った味わいがあります。

十個買って帰れば私が二個食べ、残りのうちの五個を家人が食べます。残った三個を直ちに冷凍します。数日後に自然解凍して食べます。買った日と同じようにおいしいというべきなのですが、解凍の過程であんの水分がほどよく皮になじんで、買った直後よりもおいしいとさえ思えます。

解凍したうちの一個をオーブントースターで三分焼きます。すると新たな展開があります。そのまま鼻に近づけても酒の香りはしません。かすかに香ばしさが漂います。そこで二つに割ってください。それきた！　再び酒のうまみが強く漂ってきます。しかもあんこが確実に糖度を増しています。冷凍すれば糖度が上がるからです。この段階で皮もあんこも最強のタッグマッチを組んでいるのです。遠慮なくガブッとかじります。焼き酒まんじゅうの最高級品のできあがりです。

一方、全国のＪＲの売店や道の駅、観光センターなど方々でおみやげ物として売られている酒まんじゅうは、残念ながら手にしたときにすでに硬いことが多い。酒まんじゅうの性質上やむをえないとはいうものの、それは納得できません。名店の名産品の酒まんじゅうを買ったときに、硬くて香りが何もないぐらい悲しいことはありません。食べ物は生きています。とりわけ酒まんじゅうは時々刻々と味わいが変わるのです。

荻窪・高橋の酒まんじゅうは、生きているまんじゅうをじょうずに私たちに提供してくれます。荻窪駅北口を出てバスロータリーを右方向に歩いてしばらく行くと緩やかな坂道が始まり、その手前を左に曲がったところに高橋酒まんじゅう店があります。小さな間口の店に入るとおかみとおぼしき女性が応対してくれます。よく売れている店では過剰な笑顔で迎えられたり、逆に愛想がなさすぎてつっけんどんな店もあるのですが、高橋は実に気持ちがいいのです。

「先日四時過ぎにおじゃましたら、売り切れの札が出ていて閉まっていたんですよ」と言うと、「申し訳ありませんでした。たまにそんなときがあるんですよ。一本電話をいただければお取り置きしておきますので、どうぞよろしく」と申し訳なさそうな笑顔が返ってきました。自信を持っておすすめします。

●高橋
〒167-0032 東京都杉並区天沼3-1-9
電話 03-3220-2103

3

大手まんぢゅう

岡山県岡山市

「饅頭に圧《お》し潰されそうだが、大手饅頭なら潰されてもいい」

小説家・随筆家である内田百閒が岡山駅でこう言ったそうです。相手は同じ岡山県出身で幼なじみの真ちゃん。百閒が山陽本線特急かもめの処女運転の日に岡山を通ることを知っていたので、東京へ持って帰るおみやげを届けにきてくれたのです。しかし列車はこれから山陽線をひた走り、九州へ入り博多を過ぎ八代に向かっているのですから、旅の間ずっと大手まんぢゅうを持ち歩かなければなりません。

東京へ持って帰るお土産の大手饅頭を、箱入りと竹の皮包みと、私がときどき夢に見る程好きな事を知っているものだから、持ち重りがする位どっさり持ってきてくれた。饅頭に圧し潰されそうだが、大手饅頭なら潰されてもいい。（内田百閒『第二阿房列車』〔新潮文庫〕、新潮社、二〇〇三年、一〇九ペ

ージ）

実にいい。幼友達の真ちゃんがとりわけいい。私たち凡人が懐かしい人に出会って交わすのは、言葉と笑顔と現代ならば握手かハグですが、真ちゃんは百閒が大手まんぢゅうが大好きなことを知っていて、停車中の列車に届けたのです。言葉なんかいらない。十個や二十個に思いを託すのではなく、おそらくは五十個くらいを届けたのだろうと思うのです。

私は十時に岡山駅に着いて大手饅頭伊部屋の本店に向かいました。大手まんぢゅうは市内はもちろん、東京や大阪など多くの店で買うことができますが、本店と工場店へ行けば開店時間からしばらくはできたての温かい大手まんぢゅうが食べられるというのです。あらかじめメールで確認しておいたので間違いはない。自宅を六時二十分に出て岡山駅に着いたのが十時。タクシーで店まで行き、有形登録文化財に指定されそうな古くて格式がある店構えに圧倒されながら、店内に足を踏み入れました。

小心者の私が勇気をふりしぼって注文しました。

「あのー、できたてを一つ……お願いできますか？」

「承知しました。ここで召し上がりますか？」

「ああ。はー、そー、ここでお願いします」

椅子に腰かけて待つと、すぐに冷たいお茶と大手まんぢゅうが出てきました。店員の笑顔と柔らかな応対がとてもうれしい。

ほんとに温かい。ひと口食べる。うまい。

普段はひと口かじったあと、皮とあんを別々に食べるのですが、大手まんぢゅうは皮が透き通るよう

に薄いので皮だけを食べるのは諦めて、あんこだけをなめてみます。もちろんこういう無作法な食べ方がよくないことは知っていますが、まんじゅう屋に生まれ育った性というか業というか、どうしてもこういう食べ方をしないと気がすまないのです。店員に見られてはいけないと道路のほうを向いてあんこをなめていると郵便屋さんのオートバイが止まってけげんな顔をしています。

このあんこはうまい。

近頃、甘さ控えめとか上品な甘さが和菓子の合言葉になっていますが、大手まんぢゅうの甘さは砂糖の量を控えるのではなく、砂糖そのものを高級な白双糖にしていることによるもののようです。高級な砂糖は純度が高いので煮物などに使っても効きがよくないが、和菓子の高級なものに使うと甘さが深くなります。

もちろんこんな食べ方は邪道です。甘酒のほのかな香りがする皮と上質のあんこをまとめて味わうのがいちばん。大手まんぢゅうはパクパクパクと三つぐらいを連続して食べるのがいいでしょう。

店を出たところに岡山電気軌道の路面電車の停留所があったので、まんぢゅう旅の思い出に電車に乗り、名所後楽園の庭園で人知れず、二つ目、三つ目、四つ目を食べたのです。これだけ食べておけば大手まんぢゅうに圧し潰されることもないでしょう。

●大手饅頭伊部屋
〒700-0831 岡山県岡山市北区京橋町8-2
電話 086-225-3836
http://www.ohtemanjyu.co.jp/

4

柏屋薄皮饅頭

福島県郡山市

福島県郡山市の柏屋薄皮饅頭はとってもうまい。私が食べたのは合計四回。自宅への取り寄せで一度。さらに、名古屋の百貨店の諸国銘菓名店売店と、東京・吉祥寺のスーパーマーケットで一度買い求めました。そして郡山市中町にある柏屋本店で、作られたばかりの柏屋薄皮饅頭を買って、その日に郡山駅の待合室で食べました。

それがおいしかったことはもちろんですが、取り寄せたものも百貨店で買ったものも、柏屋薄皮饅頭は製造後の時間経過をまったく感じさせないのです。どこに秘密があるのかわかりません。これはまんじゅう好きにとってはとてもうれしく、ありがたいことです。私の経験ではまんじゅうがいちばんおいしくなるのは製造後五時間から十時間ぐらいの間だと思っています。まんじゅうは皮とあんこと水分と空気が混じり合った食べ物ですが、蒸気で蒸されたあんこと皮の水分が適当に抜けて乾き始める前がお

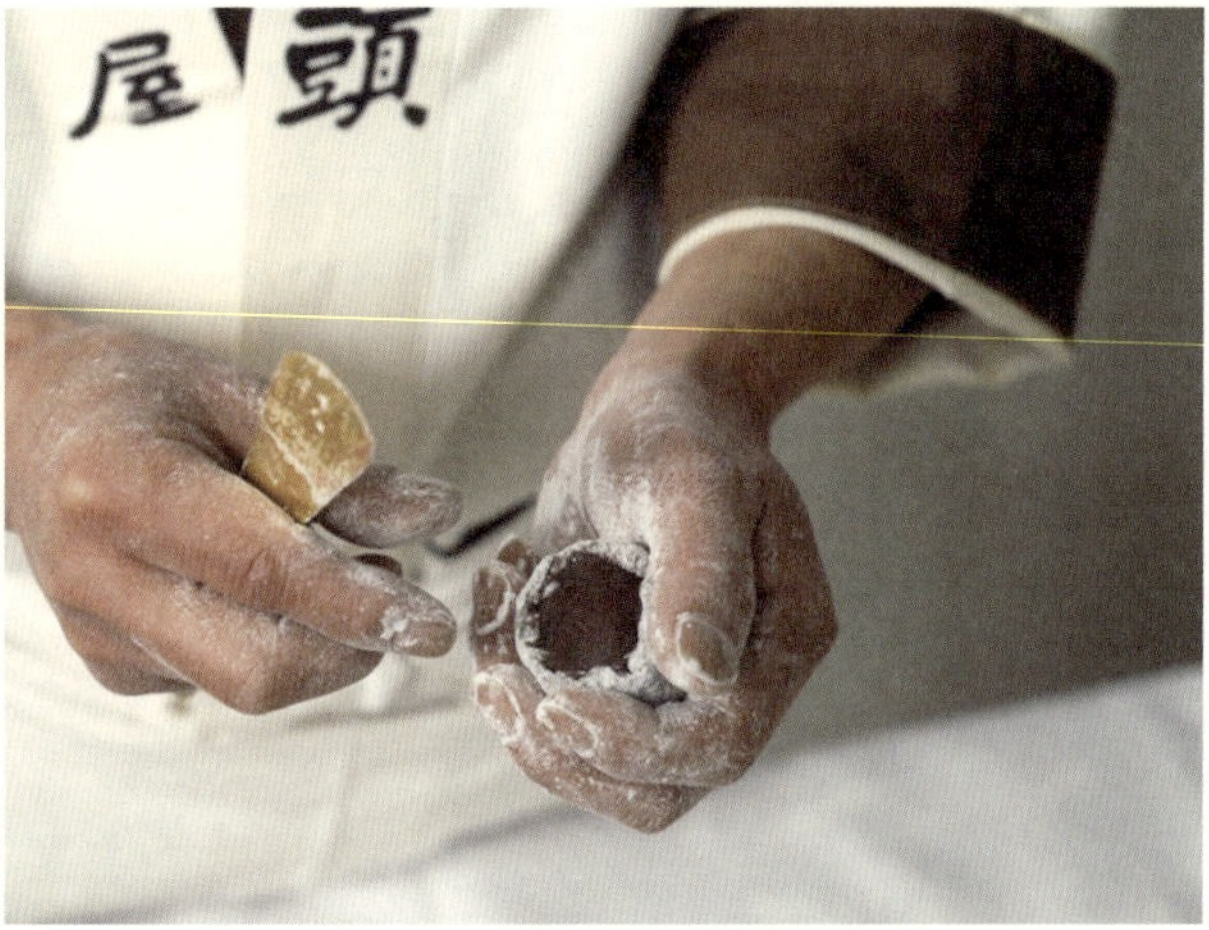

いしい。その後はあんこの水分が皮の間の気泡に毛細管現象で昇っていくから、皮の底の部分がまず乾いて硬くなってしまうのです。

柏屋薄皮饅頭の製造工程を私が食べた感じから推測するに、完全な品質管理がなされており、店頭に並ぶ商品のチェックも厳しくおこなわれているのだと思います。でなければ、福島県の製品が名古屋の百貨店の店頭でおいしさを保てるわけがありません。

さて、柏屋薄皮饅頭はそのなにげないネーミングに特徴があります。

一般的に薄皮まんじゅうというのは、見た目にはやぼったい田舎まんじゅうの皮を薄くして見栄えをよくし、あんこも大雑把につぶした粒あんではなく、小豆を蜜煮してから包んだり三温糖を上白糖やグラニュー糖に変えたりして、より上品な甘さを工夫するなど磨きをかけたものといえます。さらにふくらし粉の代わりに酒種を使えば酒まんじゅうになり、砂糖を黒糖にすれば大島まんじゅうになります。

柏屋の柏屋薄皮饅頭は色が茶色です。ここの皮には奄美大島産の黒糖が入っているので「大島饅頭」のほうが実態に近いのですが、そんなことにはこだわっていません。

名古屋の御園通りにある山本屋菓子舗のうす皮饅頭はまんじゅうの皮である白い部分がまったくなく、

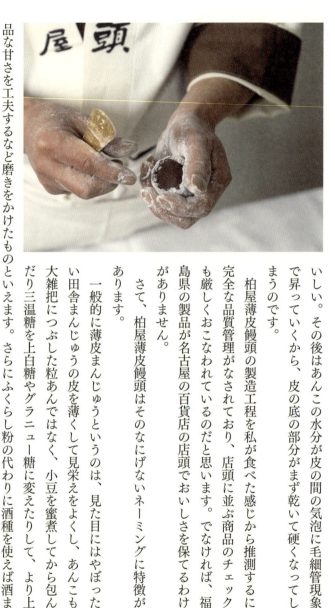

なかのあんこが完全に透けて見えています。うす皮饅頭というよりも皮なし饅頭というべきかもしれません。愛媛の山田屋まんじゅうもほとんど皮を認識できません。三重県桑名のとらや饅頭は酒種が入っていて東京・荻窪高橋の酒まんじゅうと似ていますが、名前をとらや饅頭にしています。

柏屋薄皮饅頭は間違えようのないネーミングかもしれません。

●柏屋
〒963-8071 福島県郡山市富久山町久保田字宮田127-5
電話 024-956-5511（代表）
http://www.usukawa.co.jp/

5

つるやの善光寺酒饅頭

長野県長野市

つるやの善光寺酒饅頭はいいことばかりのまんじゅうです。

もちろんおいしいのですが、第一に評価したいのは店がある場所です。善光寺の参道そばという立地条件がすばらしいのです。まんじゅう屋の場所はどうもわかりにくいところが多いのですが、その点、つるやは間違えようがありません。

善光寺の本堂でお参りをすませ、参道の風情を楽しみながら山門から仁王門を過ぎ、石畳の両側に立ち並ぶみやげ物屋を横目で見て中央通りに出ます。長野駅に向かって百メートルほど歩いた左角に白壁造りの酒饅頭本舗つるやがあります。つまり善光寺にお参りすれば、帰り道で苦労なく酒饅頭を食べることができるというわけです。つるやは、初めての客にとっては本当にありがたい場所にあります。

皮の柔らかさやあんこのほどよい甘さ、ほんのりとした酒精の香り、はたまた江戸時代末期・松平定信による寛政の改革の少し前から続く人気の老舗であることなど、多くの人がインターネット上で褒め言葉を書いたりつぶやいたりしています。それを百も承知のうえで、あえてつるやの酒饅頭の大きいことを喜びたいのです。普通の酒まんじゅうは直径が四センチから五センチといったところですが、つるやの酒饅頭は直径八・五センチ、高さ四センチの大きさで、ガブリとかじりつくこと四回から五回かけないと全部は食べきれません。おそらく創業時からこの大きさは同じで、善光寺にお参りにきた善男善女のおやつになったり、場合によっては食事前の腹の虫おさえになっていたのだと思われます。

しかも値段が安い。現在一個百五十円。近頃では小さなまんじゅうが平気で一つ二百円を超えているので、コストパフォーマンスのよさは三倍にも四倍にもなろうというものです。

それからもう一つ、消費期限が短くて二日しかありません。まんじゅうは生ものですから、保存料や脱酸素剤などを使わなければ二日しか日持ちがしなくて当たり前です。長く持たせようとすれば、あんこを煮詰めたり水飴を加えたりして、本来の味とは違うくどい味にならざるをえません。私は二日で食べきれない場合は、あらかじめ冷凍します。それを自然解凍してから、蒸します。蒸し器で蒸すのはたいへんですから、ご飯が炊けたらそのなかに直接置いて蒸らします。オーブントースターで焼く方法や電子レンジでチンしてもいいですが、ご飯のなかで蒸らすのが、まんじゅうができたときの味と香りと柔らかさを取り戻すのに最適です。どうぞお試しください。

●酒饅頭本舗つるや
〒380-0832 長野県長野市東後町34
電話 026-232-5555
http://www.zenkoji-tsuruya.com/

6

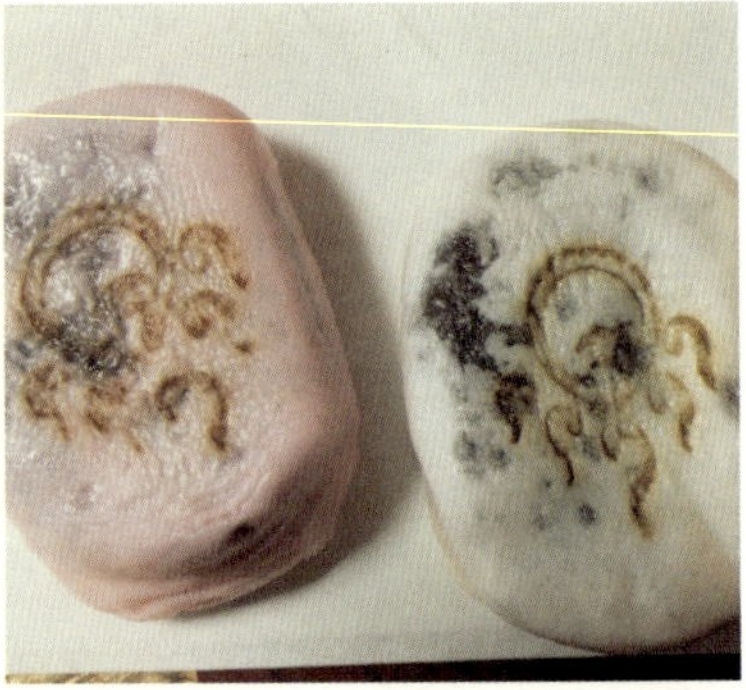

親玉まんじゅう

滋賀県長浜市

親玉まんじゅうは滋賀県長浜市一帯では「何かあると」必ず配られるまんじゅうです。冠婚葬祭、建前、入学・卒業・就職祝い、夜食、火事見舞い、選挙事務所開きなどあらゆるときに、このまんじゅうは引き出物になったり、お供えになったり、手みやげになったりするオールマイティーのまんじゅうなのです。こしあんの甘さが酒風味の皮で包まれることで絶妙のバランスを醸し出し、風味豊かな味わいになっています。紅白二色の親玉まんじゅうは、一度に三個や四個はペロリと食べてしまいます。

親玉本店は天保年間（一八三〇—四四年）の創業で、味わい深いこのまんじゅうを時の領主に献上したところ「茶の風味をます良菓、まんじゅうの親玉なり」とお褒めの言葉をいただき、それが名前の由来になっているとか。

店舗は長浜市の黒壁スクエアにあります。黒壁スクエアは運河とガラスの町小樽に匹敵する街づくりの成功例として年中観光客が絶えることがなく、昭和レトロなたたずまいがそこここに漂う街です。親玉本店の店内には明治・大正時代にかけて作られた広告チラシ「引き札」が何枚も展示してあります。独特の色使いと大胆な図案が目を引く、とても楽しい雰囲気の店です。

親玉まんじゅうは皮に酒が含まれていることもあって硬くなりやすいのですが、十五分ほど蒸せばできたてのようになります。オーブントースターで三分ほど焼き、好みで醬油をつけて食べるという裏技もあります。薄く衣をつけて天ぷらにする必殺技も見逃せません。いちばん早いのは、電子レンジで十秒か二十秒チンすればＯＫです。

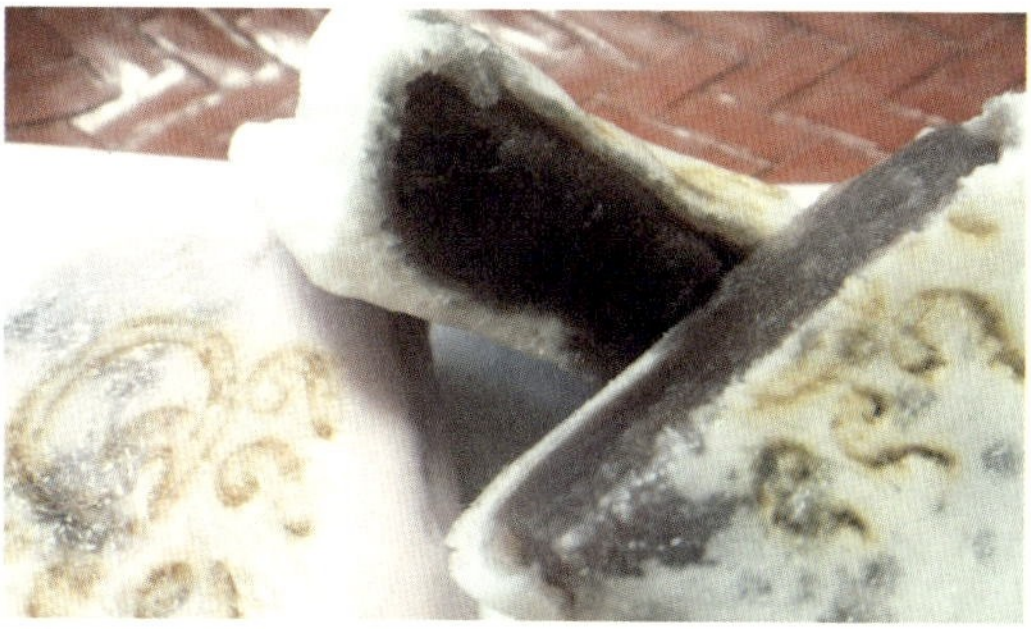

●親玉本店
〒526-0059 滋賀県長浜市元浜町22-33
電話 0749-62-0213

7

喜八洲総本舗の焼もち

大阪府大阪市・十三

太鼓判ポッコンします。喜八洲の「焼もち」がおいしいこと請け合いです。喜八洲の人気商品ベスト3はみたらし団子、酒饅頭、きんつばですが、私のなかのナンバーワンは断然「焼もち」です。いまどきの和菓子店の軟弱な姿勢——甘すぎない、上品で、ほどよい大きさ——に敢然と立ち向かい、しっかりと甘くて、品ではなくうまさを競っているし、見ても持っても食べても十分に大きい。これこそまんじゅう屋が本気で作る餅です。

喜八洲の焼もちは店に並んでいるときは焼いてありません。つきたての餅そのものでふんわり柔らかいのですが、家に持ち帰ってしばらく置くと少しずつ硬くなります。

念のために、硬くならない大福餅との違いを書いておきます。大福餅はもち粉や白玉粉に砂糖を加えて練って作ります。普通の餅はもち米を蒸してついて作ります。喜八洲の焼もちはもち米をついて作るので、硬くなるのは当たり前です。そこで「焼もち」という名称どおり、自分で焼いて熱々を食べるという楽しみが始まります。

焼く道具はオーブントースターかフライパン。オーブントースターで焼くと香ばしく焼けますが、昔、火鉢で餅を焼いたときのように、てっぺんが少し焦げだし、やがてパンと音を立ててはじけたりします。あんこが飛び出すので要注意です。フライパンの場合はテフロン加工のフライパンを使って、油を敷かずに焼くのがいいと思います。適当な時間でひっくり返して、上も下も焼きます。少しのばして食べるとあんこと皮の混じり具合がちょうどいい。どちらもお好み次第です。電子レンジだと三十秒くらい温めて、そのあとオーブントースターで焦げ目をつける方法がおすすめです。

喜八洲の焼もちのあんこはしっかりと甘く、餅のボリュームやよもぎの香り、皮の艶とも相まってまんじゅう好きに正面から挑戦してきます。私は、一度に二個はいただきます。

●喜八洲総本舗
〒532-0024 大阪府大阪市淀川区十三本町1-4-2
電話 06-6301-0001
http://www.kiyasu.jp/

第3章

まんじゅう紀行

1

よしやのどら焼き

東京・木挽町

歌舞伎座が新しくなっても木挽町界隈には昔ながらの風情が残っています。いまにも歌舞伎座の楽屋口から若い役者が使いっ走りで飛び出してきそうな雰囲気です。

そんな木挽町の細い路地にひっそりと、しかしどっしりと店を構えているのが木挽町よしや。小ぶりのどら焼きが木挽町よしやの人気商品ですが、あんはもちろんしっとりした皮のもちもち感がすばらしい。二つ折りにしてあるから、行儀よくふた口で食べてしまえます。それに焼き印が押されていますが、注文すればオリジナルの焼き印を押してお祝い事などに配ることもできます。

東京の庶民的な和菓子の本や記事には必ずといっていいほどどら焼きと豆大福が出てきて、どこの皮がいちばんだとか、どこのあんこは北海道産の選りすぐりの小豆であるとか書かれているし、三大何とかの本家はここで、分家はいいとか悪いとか、かまびすしい。しかし、自分の口に合ったものを、遠くない店で手軽に求められるのがいちばんではないですか。

とはいうものの、木挽町よしやのどら焼きは予約せずにふらりと立ち寄っても、まず買うことはできないのでご注意ください。歌舞伎見物の行き帰りなら時間もはっきりしているので、電話で予約していくと間違いがありません。

よしやには、果物を模した創作和菓子も並んでいます。そばやラーメンの形のお菓子まであって驚かされます。

●よしや
〒104-0061 東京都中央区銀座3-12-9
電話 03-3541-9405
http://kobikichoyoshiya.com/

2

諏訪御柱祭と新鶴本店の塩羊羹

長野県下諏訪町

信州下諏訪の塩羊羹を食べました。諏訪大社下社秋宮の鳥居脇に、風格を漂わせたたずんでいる新鶴本店のすばらしい羊羹です。新鶴本店は塩羊羹だけを売っているのかと思って店に行くと、みごとな品ぞろえで驚きます。

新鶴本店の塩羊羹にはいくつか特徴があります。

普通の練り羊羹よりも歯触りのキレがいい。わずかに塩の風味があり、そのなかに寒天の香りもほのかに含まれているように思えます。原料に地元茅野産の寒天を使っているということですが、とことん煮詰めていないから香りが残るのでしょうか。塩はどこの塩かわかりませんが、三河湾から塩の道で運ばれたものかもしれません。

和菓子屋の煮炊きはガス窯が一般的なご時世ですが、新鶴本店では楢《なら》の薪を使っています。薪独特の煙の香りが仕事場に漂うのを考慮してのことなのでしょう。銅鍋《あかなべ》に入れた材料を電動ではなく櫂《かい》でこねているのも時代離れしていますが、そこに確たる伝統への自信が見て取れます。

もう一つの特徴が色合いです。羊羹は小豆が原料のこしあんでできているので薄小豆色になると思うのですが、日本の色名でいうところの「利休茶」の色合いが混じっています。茶色というより鼠色に近く、それこそ利休好みの色で、これが奥ゆかしさを醸し出しているのです。

新鶴本店の塩羊羹を味わうには、抹茶よりも、おいしい水を沸かした白湯のほうが合うかもしれません。

塩羊羹の話と並行して下諏訪のことを紹介しておかなければなりませんが、私にとっての下諏訪は何を措いても諏訪湖畔にあるハーモ美術館です。天気がよければ新鶴本店から諏訪湖に向かって下り坂を歩いていくもよし。三十分近くはかかりますが、旅の喜びは散歩にあると思います。この小さな美術館には『眠るジプシー女』でよく知られるフランスの画家アンリ・ルソーの『ラ・カルマニョール』ほか数点のルソーコレクションがあるのです。

諏訪湖は周囲わずか十七キロのこぢんまりした湖で、空気が澄んだ日なら湖越しに富士山が見えます。全面凍結すると、湖面が音を立てて隆起する御神渡《おみわた》りという荘厳な自然現象を見せてくれます。

そして七年に一度の御柱《おんばしら》祭を忘れることはできません。山で神が宿る巨木を伐り出して諏訪大社まで運ぶ神事です。町内を静々と曳いているときはいいのですが、木落としと呼ばれる急な坂を落とす場面の荒っぽさは尋常ではありません。男たちは危険を承知で柱にしがみつこうと必死になるので、当たり前のように死者が出ますが、それを理由に祭りの是非を問う声などまったく起きないのです。

なぜ、御柱祭で男は巨木に跨がらなければならないのでしょうか。ここから先は他愛もない私の妄想です。

諏訪の地勢は農業に向いているとはいいがたい。かといって、林業を成立させる木はあっても、それを運ぶ川がありません。山一つ越えた木曾地方は木曾五木といわれる良質の木材を木曾川を使って尾張まで運搬したのですが、諏訪には川がないから大規模な林業は成立しません。農林業がダメで、しかも海がない土地柄なら狩猟を生業とするしかない。

むろん新石器時代、旧石器時代の話です。そのころ日本には大きな獣がいました。クマにヘラジカ、ゾウもいました。野尻湖で化石として発見されたナウマンゾウです。

そして鋭利な刃物として使った黒曜石は下諏訪のすぐ隣の和田峠が有名な産地なのです。狩った獣は味噌に漬けるか塩漬けにすることで、むろん食糧になるし、交易の材料としても有効といえます。諏訪地方と狩猟を結び付ける要素は豊富です。

私は、御柱祭の巨木は巨大な獣だと推論します。それを乗りこなそうとする男たちは栄光の狩猟民の末裔ではないでしょうか。食糧のために命を投げ出すのです。

甘いもの大好きの私であれば、新鶴本店の塩羊羹は楽々一本、いや一棹はいけます。上品に白湯で味わうのもおつですが、思い切ってバーボンとかアイリッシュなど香りが強いウイスキーでもいいような気がします。

●新鶴本店
〒393-0014 長野県諏訪郡下諏訪町木の下3501
電話 0266-27-8620
http://www.shinturu.com/

3

お伊勢参りは桑名の安永餅と四日市のなが餅

三重県桑名市・四日市市

柔らかい餅にあんこを包んで長くのばし、こんがり焼き目を付けた桑名名物安永餅と四日市名物なが餅。私は一度に少なくとも三つは食べますが、地元の人たちは平気で五つも六つも食べてしまいます。

江戸時代、東海道を熱田の宿から海上七里を船で渡って着くのが桑名の湊《みなと》。旅人は「その手は桑名の焼き蛤」や安永餅を大いに楽しみ、もう少しで京へのぼるか伊勢参りをするかという地点に近づいたのです。

現代では、電車で伊勢参りをするなら名古屋駅周辺の百貨店で求められるし、自動車なら高速道路のサービスエリアに置いてあります。この餅のいいところは、その場で食べるもよし、竹の皮にでも包んで旅のおやつにするのもよしというところでしょう。

餅は丸いものだという先入観がありますが、三重県の北のほうでは長い餅を焼いて食べ、南のほうで

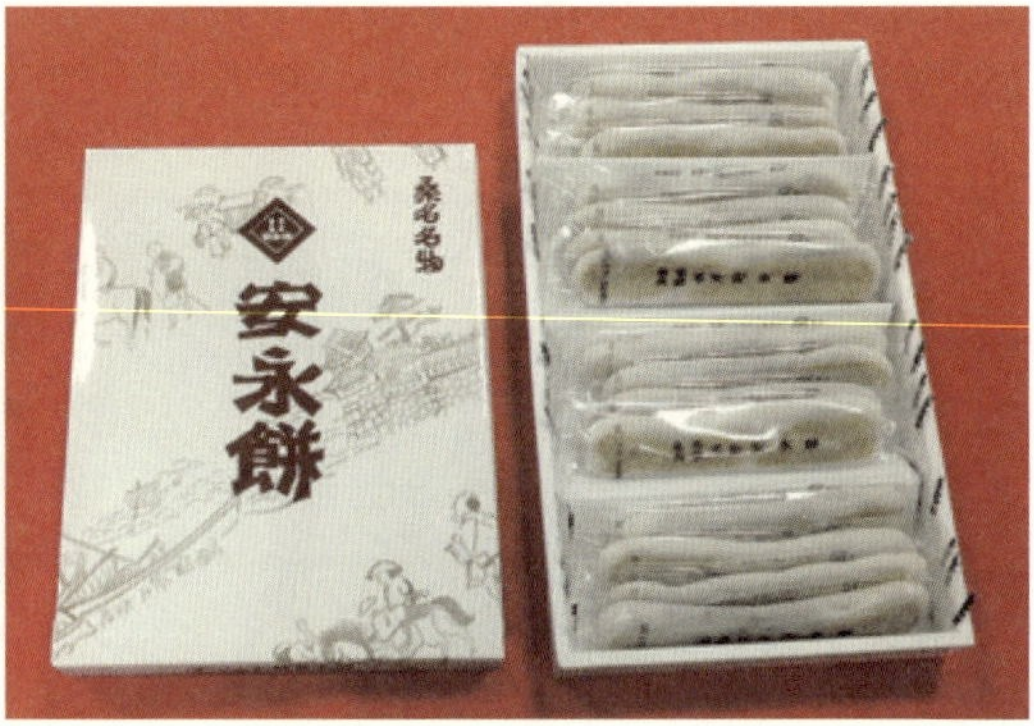

は正方形の餅にあんこをはさんで二つ折りにした長方形のさわ餅というのが多いようです。現在、桑名に二軒、四日市に一軒の有名店がありますが、目をつぶって食べれば両者の区別はつかないと思います。どちらもおいしいから、それでいいでしょう。

桑名に行く用事を思いつかないという人のために、とっておきの楽しみ方があります。桑名三八市へ行ってみてください。毎月三日・八日・十三日・十八日・二十三日・二十八日の六回、朝九時から午後一時ごろまで寺町商店街のなかに、通常の店以外に魚屋、八百屋、果物屋、菓子屋などの露店がやってくるのです。とりわけ魚や青果物は、とれたばかりのものがたくさん並びます。実に楽しい市で、立ち寄る価値が十分あります。

●永餅屋老舗
〒511-0079 三重県桑名市有楽町35
電話 0594-22-0327
http://www.nagamochiyarouho.co.jp/

4

東海道五十三次・関宿の志ら玉

三重県亀山市

歌川広重が描いた東海道五十三次の四十七番目の関宿は「重要伝統的建造物群保存地区」に指定されていて、電柱がない街並みがゆったりとした時の流れを演出しています。

この町に江戸時代から伝わる人気の和菓子が志ら玉です。見た目が何とも愛らしく、真っ白で平らで丸い形の餅の上にピンクと緑と黄色の小さな米粒がのっています。白は冬。ピンクは春、緑が夏で黄色は秋を表しているとか。もちっとしているのに歯触りがいいのは、上新粉と餅粉の配分やつき具合によって左右されるらしい。あんこはかなり砂糖を抑えたこしあんです。

おみやげにもお取り寄せにもたいそう人気があるのですが、この宿場でなら街歩きしながら食べていても、誰も「行儀が悪い」ととがめはしません。

五十三次で関宿の一つ手前の亀山宿を広重は雪が積もった急な坂道として描いています。さらに関の次の坂下、その次の土山は「鈴鹿馬子唄」の「坂は照る照る鈴鹿は曇る、あいの土山、雨が降る」という歌詞どおりに広重が描いています。

もうすぐ草津から京都に入るまでひとがんばりという、東海道最後の町に伝わる志ら玉は、女性にも子どもにも、もちろんおじいちゃんおばあちゃんにも愛され続けています。

●**前田屋製菓**
〒519-1112 三重県亀山市関町中町407
電話 0595-96-0280
http://www.maedayaseika.com/

5

秋吉台から萩へ、夏蜜柑丸漬

山口県萩市

長州と呼ばれていた山口県は幕末以降ずっと政治に熱い県のようなイメージをもたれがちですが、実際は穏やかで品のある県です。しかし歴史の尺度を長くとると、山口県はじっとしていたことがない暴れん坊の地域でもあります。

いまから三億年くらいの超大昔のこと。まだ地球は大きな一つの大陸で、アメリカもオーストラリアも中国も陸続きでした。のちに石炭になるシダはいっぱい生えていましたが、恐竜はまだいないころ、南の海には珊瑚や貝が大量に棲んでいました。

最初の巨大大陸がいくつかに分かれプレートに乗って移動を始めました。日本列島になる陸地は海底ごと北上、沈んだり隆起したり、くっついたり離れたりしながら、貝と珊瑚礁が主成分である石灰岩の陸地、秋吉台になったのです。そこに炭酸ガスを含んだ雨が降って石灰岩を溶かしてあちこちに開けた穴が秋芳洞です。

その秋吉台から北東に直線距離で三十キロメートルのところにある萩市には、驚いたことにわずか一万年前にできた新しい火山があるのです。しかも海岸から見えるいくつかの島が、すべてもとは火山島だったというのです。

こういう変化にとんだ地域で、幕末から明治維新にさらなる革新を求める吉田松陰、桂小五郎、高杉晋作、伊藤博文などを輩出したのが山口県なのです。

そして維新後、この町で旧士族に仕事を与えるために奨励したのが夏蜜柑の栽培でした。町中いたるところで種がまかれ、根づき、初夏に白く芳しい花が咲くところから始まって、黄色く豊かな実が町の風情をいっそう穏やかなものにしています。

その夏蜜柑を使って作られる「夏蜜柑丸漬」という光國本店の羊羹が絶品なのです。夏蜜柑のいちばん外の皮だけカンナで削り、小さな穴を開けて実を掻き出し、糖蜜で煮込んでからその穴へ白羊羹を流し込む。夏蜜柑の風味とほろ苦さ、羊羹の甘さが小声で主張しながら、譲り合い、相手を立てるのです。

果物と和菓子の出合いは栗を使うものが圧倒的に多い。柿を使うものは岐阜県大垣市・つちやの「柿羊羹」や豊田市・まつ月《づき》の「眠り柿ずくし」など。岡山市発祥の源吉兆庵《みなもときっちょうあん》のマスカットの菓子、愛知県犬山市・若松屋阡壱《わかまつやせんいち》の桃の菓子なども思い浮かびます。

光國本店の夏蜜柑丸漬という羊羹は、果物と和菓子のコラボのなかで最も先駆的なものかもしれません。ここにはいまや大福の王者の位置を占めるにいたった、いちご大福の人気の秘密と共通するものがあります。いちご大福が最初に若い女性のハートをつかんだ理由は、フルーツの酸味とあんこの甘さが奏でるハーモニーです。いちごのおしゃれな甘酸っぱさが、あんこのやぼったい甘さを超えているからなのでしょう。

まんじゅうや和菓子が好きではない人の多くが羊羹が苦手といいます。羊羹を食べると頭が痛くなるという人もいます。反羊羹派に共通するのは羊羹のもっちり感が気持ち悪い、おやつなのだからもっと軽く食べたいという点です。

羊羹は虎屋に始まって虎屋に終わる……しかも黒糖が前面に出てくる「おもかげ」に始まって「おもかげ」に終わるというのが定説になっているようです。たしかに虎屋のおもかげはずしんときます。舌で味わい、のどを通して、胃で受け止めます。さらには御所御用達、皇室御用達の格式や伝統と向き合いながら食べる心構えが必要になったりします。何から何まで、中身から箱にいたるまで虎屋の羊羹は重いのです。

一方、光國本店の夏蜜柑丸漬羊羹は重厚な感じがしません。どこか軽やかで華やかな感じさえします。これは創業以来創意工夫を重ね、一九一六年（大正五年）に完成しているためかもしれません。大正ロマンと女性の社会進出のまっただなかで生まれた菓子なのです。萩の土地柄と時代の空気のたまものなのです。だから羊羹でありながら軽く、さわやかなのでしょう。

光國本店がある萩の町を隅から隅までぶらぶら歩いているだけで、心が穏やかになります。三億年の歳月も一万年前の火山活動も明治維新も過去の幻影です。ですが、軒並みや路地や垣根には夏蜜柑の丸漬羊羹に通じるじんわりとした甘さが漂います。春夏秋冬、どの季節に訪れてもその時々でさまざまな味わいがありそうです。

秋吉台や萩へ行くなら立ち寄ってほしいところが山口市に二つあります。一つは中原中也記念館。建物も展示もすばらしく、何より中原中也にめぐり会えるのです。

汚れつちまつた悲しみに　今日も小雪の降りかかる（「汚れつちまつた悲しみに……」）

幾時代かがありまして　茶色い戦争ありました（「サーカス」）

私の上に降る雪は　真綿のやうでありました（「生ひ立ちの歌」）

そしてもう一つは瑠璃光寺。ここの国宝五重塔は京都や奈良の五重塔とはかなり趣を異にしています。きっちりしているのです。大げさではなく、律儀なのです。じっと眺め続けてもいいでしょうが、まず軽くお参りしたら、お茶でも飲んでからもう一度ゆっくり、近づいたり離れたりしながら見直してみることを、おすすめしたい五重塔なのです。

●光國本店
〒758-0034 山口県萩市大字熊谷町41
電話 0838-22-0239
http://www.mitsukuni-honten.com/

6

戦艦大和の呉と鳳梨萬頭

広島県呉市

広島県呉市に行きました。鳳梨萬頭《おんらいまんとう》という珍しいお菓子を食べるために広島から在来線の呉線に乗り換えて約五十分。駅を降りると「大和ミュージアム」「てつのくじら」はこちらへ、の矢印が目に入りますが、まずは鳳梨萬頭の天明堂に向かいます。

私が鳳梨萬頭を食べたのは十年ほど前に親戚から送ってきたのが最初です。親戚に呉に住むおばがいて、お盆に山口県の周防大島に親戚一同が集まると必ず手みやげに持ってきていたそうです。集まる子どもが二十人もいて五十個ほどの鳳梨萬頭があっという間に食べられてしまったとか。それを食べていた子どもが私の家族に加わり、我が家の鳳梨萬頭取り寄せ習慣がスタートしたのです。

今回私は店で十個入りの箱を買ったところ、おまけのように鳳梨萬頭が二個入った袋を渡されました。いつものサービスなのかこの日は特別だったのかはわかりませんが、ヤッターと思って、帰り道で食べ

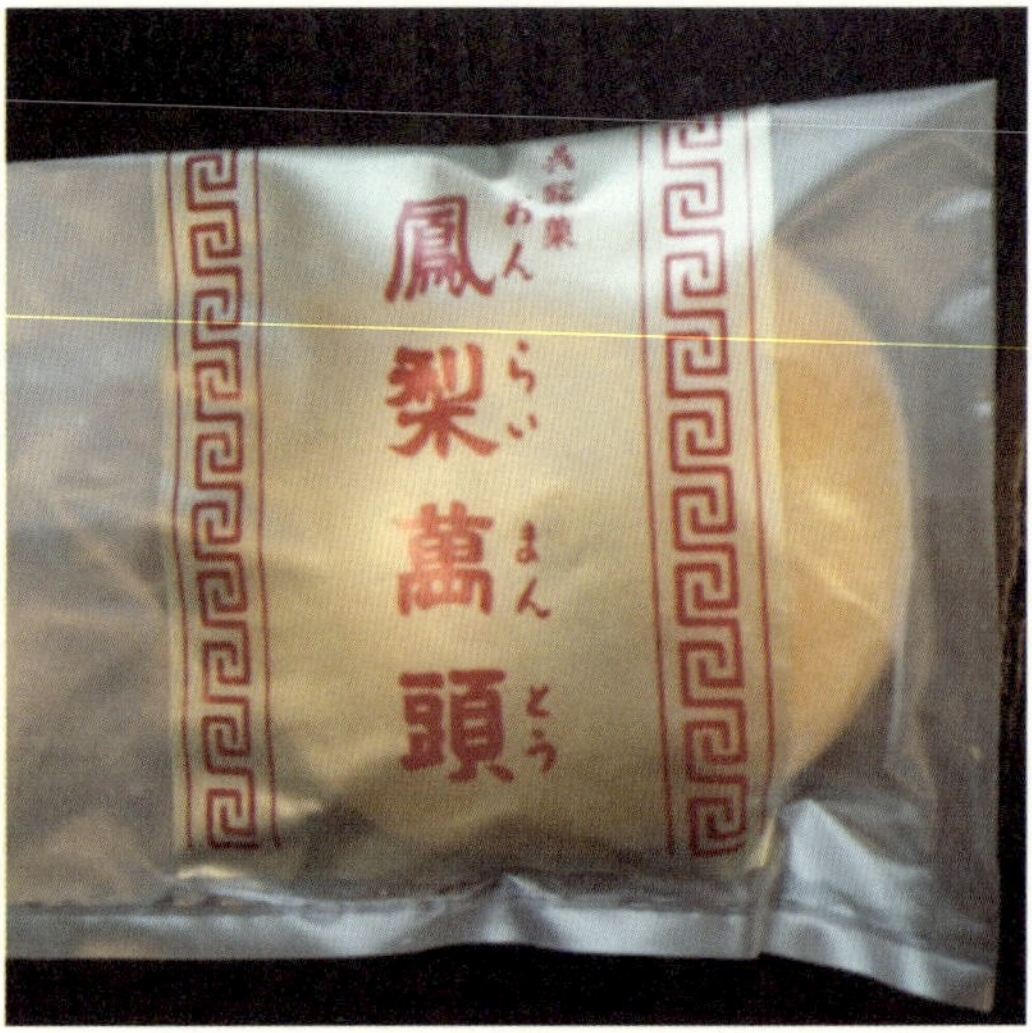

ました。やっぱりうまい。忘れていたのにふっと思い出すような特別な味わいがあります。歯触りの独特な感触はパイナップルに冬瓜を入れて作り上げたジャム状の力があるあんこによるものです。硬めのペーストになったジャムというほうが近いイメージでしょうか。硬めの水羊羹、柔らかめの柿羊羹も近いかもしれません。ちなみに鳳梨は中国語でパイナップルのことで、パイナップルあんを、バターや卵をたっぷり使った生地で包んであります。

鳳梨萬頭は品質を守るために呉の本店でしか販売されていません。もちろん電話で頼めば宅配はしてもらえますが、呉に行ってみたいという人のために簡単な旅案内をしておきましょう。

造船の町、呉。明治時代の呉鎮守府に端を発し、その後海軍の工場である海軍工廠になった造船の町です。その呉でどうしても見ておきたいのが大和ミュージアム（呉市海事歴史科学館）です。

私が子どものころ、周囲の大人たちが「戦艦大和」という言葉を口にするたびに、何だか遠くを見るような悲しいようなうれしいような複雑な表情をしていた記憶があります。吉田満の『戦艦大和ノ最期』（創元社、一九五二年）が話題になり、それまで知られていなかった不沈戦艦大和ヒストリーが日本人の心を打って大和人気が一気に高まったといわれています。大和という名前が、日本という国と日本人という民族を象徴していたのだから、その名前を艦名にした「世界最大・最強の不沈艦が撃沈されたことは、日本と日本人の最期だ」とイメージされたのかもしれません。日本と日本人についてさまざまな面から考える手だてとなる大和ミュージアムです。

すぐ隣にあるてつのくじら館（海上自衛隊呉資料館）も一見の価値があります。退役潜水艦の船内で潜望鏡を見ることができます。これを見てから呉港を見渡せる場所に行くと、実際に港内に数隻の潜水艦を見つけることも可能です。

そして大中小さまざまな造船会社の施設や、進水式を見るチャンスがあるのも呉の町です。パイナップルあん、海、港、海軍、造船所。私は海がない滋賀県に生まれ、現在も山に囲まれた岐阜県に住んでいるので、鳳梨萬頭は海や異国や異文化を想像させてくれる「食べるファンタジックワールド」なのです。

●天明堂
〒737-0046 広島県呉市中通1-1-24
電話 0823-25-2439

7

越中八尾風の盆、おわら玉天

富山県八尾町

どこの町のお祭りにも独特の郷愁があるものですが、越中《えっちゅう》八尾《やつお》風の盆には露わにしたくないとでもいうような秘めやかさが潜んでいます。二百十日の風の災いを静かにやり過ごすことを念じるために始まったこの盆踊り。九月一日・二日・三日のお祭りの当日は見物客こそ数万人に膨れ上がりますが、町はお祭りだからといってはしゃぐようなことはありません。夜の町はお祭りちょうちんの明かりのなかにぼんやりと浮かび上がり、人々のざわめきは坂道に沿って流れる水路の水音でかき消されてしまいます。

三味線と胡弓と締め太鼓に合わせて歌われるおわらは恋の歌で「八尾よいとこおわらの本場　二百十日を　オワラ　出て踊る」とか「八尾坂道わかれて来れば　露か時雨か　オワラ　はらはらと」「見たさ逢いたさ思いが募る　恋の八尾は　オワラ　雪の中」などと歌い継がれるものもありますが、歌い手や踊り子が自ら作ることもあるようです。踊りは男女一組、または数人ずつのグループ同士が女踊りと男踊りを踊ります。女踊りは色っぽく切なく、男踊りは勇壮ななかにも優しく、相手に心の内を見せようとするかのように、はたまた忍ぶように踊ります。女性が上体を反らし首筋を伸ばして襟元を見せる姿の婀娜《あだ》なこと。また男性が片足ですくっと斜めに立ってポーズを決めたときに漂う男の色気。三日の夜はどこかで夜通し踊っている人々がいて、見ているほうもその場から離れられません。

八尾の町のもう一つの名物は、酔芙蓉《すいふよう》の花です。朝はまっ白い花なのに夕方になると酔ってピンクに染まるという恋の町にふさわしい花が街のいたるところに咲くのが、ちょうど八月末から九月の初めなのです。

祭りの締めは、朝の列車が越中八尾駅を出るときです。プラットフォームには十数人の踊り子が一列に並んで、帰路につく観光客に名残の踊りを踊りながら見送ってくれるのです。うれしくて哀しくて涙が出てしまうお祭りです。

この八尾の町に古くから伝わるお菓子が玉天です。卵白と砂糖と寒天から作る淡雪のまわりに卵黄を塗り狐色に焼いたお菓子で、口触りととろけ具合が絶妙です。風の盆の町の風情とは似つかわしくない姿形なのですが、溶けていく様子がおわらの切なさにピッタリくるのです。

●林盛堂本店
〒939-2376 富山県富山市八尾町福島3-8
電話 076-454-2451

8

温泉まんじゅう

野沢温泉（長野県）、草津温泉（群馬県）、伊香保温泉（群馬県）

緩く見上げる上り坂。下駄先が滑るような下り坂。道行く人たちはいつもの笑顔で挨拶を交わす。野沢温泉村は父の背中か母の懐のような温泉の村です。

バス停で降りると有名な温泉まんぢう店フキヤの看板が見つかります。急ぐ旅ではないので、寄り道してまんぢうを一つ買いました。行儀がいいとはいえませんが、温泉街の風物詩として歩きながら食べてみます。予想どおりのおいしさです。ほんのり残る温かさ、柔らかい皮、こしあんの甘さ、温泉まんぢうの標準的なおいしさです。

歩いていると道路の真ん中にある蓋を開けて何か作業をしている人がいます。のぞいてみると、道路の下を温泉が湯気を上げて大量に流れていました。源泉から村内の何カ所かの外湯にお湯を送る配管の手入れのようでした。歩き始めると、あちらこちらに木の蓋があり、耳を澄ますと湯の流れる音が聞こえ、湯気からかすかに硫黄の匂いがします。とてもいい気分になって今日の宿「野沢温泉 村のホテル住吉屋」に到着しました。

三階建ての木造りの建物には風雅な気品がありました。生けてある季節の草花。昭和初期の漫画家田河水泡が定宿にしていたので『のらくろ』の漫画が書架に並んでいます。この旅館の時計はぜんまい仕掛けか、ことによると日時計かもしれないと思えるほどゆったりと動いています。

部屋の窓から天然記念物の麻釜《おがま》が見えます。村人はここで野沢菜を洗ったり温泉卵を作るのですが、その光景が窓から見える格好の場所に宿はありました。

さて座敷机に目をやると、定石どおりお茶請けの温泉まんぢうがありました。包み紙を見ると「松泉堂」と書いてあります。「しょうせんどうと読みます」と女将さんがお茶をいれながら教えてくれました。宿近くの坂道の途中にある、たたずまいが美しい店です。

二つに割ると、こしあんの色が上品な薄紫色に仕上がっています。食べるとかすかに隠し味の塩気があり、この具合がとてもいいのです。名旅館は名温泉まんぢうをお茶請けに使っていました。

おっと忘れるところでした。温泉に来たのですから当然温泉に入りました。ここのお湯は落語の『強情灸』に出てくるくらい熱い。水をさして掻き回せばいいのですが、男の意地でアハハと笑いながら我慢。入浴後に表示を見ると、四五度とありました。

野沢温泉から帰宅後、有名な温泉まんじゅうを二つ取り寄せてみました。まずは人気が高い草津温泉の「本家ちちや」の温泉まんじゅう。届いたのが製造日の翌日で、柔らかさもあり、しっとり感も損なわれていなくて、おいしくいただきました。温泉まんじゅうがおいしいのは、朝作ったものをその日の

うちに食べるからだといわれています。つまり日持ちさせるためにあんこを煮詰めたり水飴を多用したりして、そこはかとないまんじゅうの甘さを消してしまうことがないからです。ところが本家ちちやの温泉まんじゅうは取り寄せでいただいてもとてもおいしいのです。つぶしあんもつぶれ具合と甘さが申し分ありません。

そしてもう一つ。同じく群馬県伊香保温泉から万葉亭の湯の花まんじゅうを取り寄せました。六個入りを頼んだら、なんと電子レンジで温めるためのパックに入っていました。そのまま食べても十分おいしかったのですが、電子レンジ仕様にしてあるのは、温泉まんじゅうはほかほかがいちばんおいしいという伝説や、ノスタルジーがなせる業なのでしょう。グラニュー糖で炊いたこしあんがたっぷり入っていて納得の味です。

温泉まんじゅうは、温泉地のおみやげだからとか名物だからという理由で温泉まんじゅうと呼ばれています。生地をこねるときに温泉の湯を使うとか、湯の花が膨らし粉の代わりになるとか、温泉の高温の蒸気で蒸すから温泉まんじゅうらしい特徴があるともいわれますが、現在の製法になる以前に試みられたことがあったとしても、どれもあまり根拠はありません。黒糖を生地に使うから茶色い色をしているのが共通しているぐらい。

ただし、伊香保温泉観光協会が発行した冊子「伊香保豆手帳 心づくしのおもてなし」には、以下のようにあります。

「湯の花まんじゅうが伊香保町で売り出されたのは明治四十三年〔一九一〇年：引用者注〕。（略）伊香保にもこうした土産物があったほうがいいということで、苦心を重ねて「黄金の湯」の茶褐色の饅頭を作り上げたのです。この茶褐色は試行錯誤の末、黒砂糖とカルメラで仕上げ、温泉の湯の花にちなんで「湯の花まんじゅう」として売り出されました。今では全国各地にある温泉饅頭ですが、その先駆けになったのが伊香保の「湯の花まんじゅう」なのです」

それはさておき、安くておいしいまんじゅうを楽しみましょう。

●フキヤ商店
〒389-2502 長野県下高井郡野沢温泉村豊郷9350
電話 0269-85-2110

●松泉堂
〒389-2502 長野県下高井郡野沢温泉村豊郷8757-3
電話 0269-85-2114

●本家ちちや
〒377-1711 群馬県吾妻郡草津町草津89
電話 0279-88-2031
http://www.honke-chichiya.com/

●うどん茶屋水沢万葉亭
〒377-0103 群馬県渋川市伊香保町水沢48-4
電話 0279-72-3088
http://www.manyotei.com/

9

テレビ時代劇の街、近江八幡の丁稚羊羹

滋賀県近江八幡市

昔日の面影がなくなったテレビ時代劇ですが、池波正太郎原作の『鬼平犯科帳』（フジテレビ系、一九八九年―）と『剣客商売』（フジテレビ系、一九九八年―）で何十回とロケ地に使われたのが滋賀県近江八幡市の八幡堀です。堀と琵琶湖をつなぐ水郷地帯もよく使われています。『鬼平犯科帳』では、中村吉右衛門扮する火付盗賊改方長官・長谷川平蔵と、梶芽衣子、江戸家猫八、綿引勝彦、蟹江敬三、三浦浩一らが扮する密偵が張り込む場面にも登場しました。藤田まことの『剣客商売』では小林綾子が操る船が水郷から八幡堀に入ってくるシーンがあります。これらの風景はいまも大事に保存されていて、時代劇ファンならずとも旅情をそそられます。ＪＲでひと駅米原寄りには安土城址もあって、歴史好きにもたまらない街です。

その近江八幡の甘いものといえば丁稚《でっち》羊羹です。練り羊羹でもなく水羊羹でもない、何やら牧歌的と

いうか庶民的というか時代がかっているというか、竹の皮に厚さ一センチ弱の羊羹のようなものが包まれています。店によってはパッケージに「開けずに竹の皮ごと半分に切ってそれを又斜めに切ってお召し上がりください」などの指南書をつけているところもあります。

竹の皮を開けるとけっこう竹の香りがするのが好まれるようです。羊羹のようでいて羊羹ではない。普通の羊羹の原材料には必ず寒天が入っていて、こしあんと溶かした寒天を鍋に入れ長い時間練るのですが、丁稚羊羹はこしあんに小麦粉を混ぜて水蒸気で蒸し上げます。

丁稚羊羹の語源については、丁稚が奉公先から実家に戻るときの手みやげとして持たされたのが丁稚羊羹だという説がいちばん納得しやすいものです。いまでこそ洗練された食べ物ですが、少量のこしあんとメリケン粉が主な材料でおそらく砂糖はごく控えめだったはずですから、安価に売られていたと思われます。竹の皮には防腐剤の役割があるので、里帰り中に傷むこともありません。

丁稚羊羹は京都が発祥という人もいれば、福井県だという人もいます。滋賀県だけのものではないのは確かですが、滋賀県が一歩リードするのは近江商人の故郷である近江八幡、五家荘、日野の商家と丁稚羊羹が重なるからです。丁稚羊羹は湖東地方のまんじゅう屋でどこでも作っていて、ここのがうまい、私はこちらが好きだとか評価がいろいろ飛び交いますが、私がすすめるとしたら近江八幡の老舗和た与です。和た与の丁稚羊羹は他店よりも値段が少し高いの

ですが、それは食べてみると納得がいきます。明らかに洗練されています。湖北地方の丁稚羊羹はもっと素朴で甘みも少ないのですが、和た与は砂糖そのものを白双糖にするなど原料も違います。

本音をいうと私も素朴派で、もっと純朴で安っぽい味が好きなのですが、和た与の洗練されたものは贈答用にも立派に使うことができます。

近江八幡の見どころ、安土城址に登ってみましょう。大手門から石段を上るといたるところで墓石や石仏や石塔を踏むことになります。その意味するところを考える楽しみ。天守閣があったところにいまは何もないから、織田信長の夢やプランを追体験することができます。琵琶湖にあった内湖はほとんど埋め立てられてしまいましたが、近江八幡市安土の大中湖《だいなかのこ》の面影は水郷地帯に残っています。改めて明治以降の近代化とは何だったかと考えてしまいます。安土城は見る城ではなく、考える城なのです。

●和た与
〒523-0872 滋賀県近江八幡市玉木町2-3
電話 0748-32-2610
http://watayo.com/

10

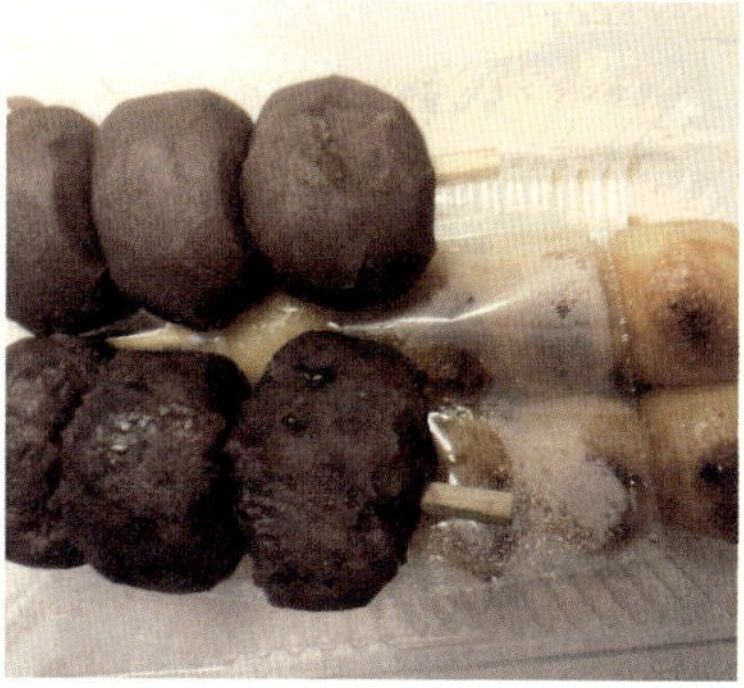

茂助だんごの玉子ぞうに

東京・築地市場

「おはようございます。寒くなりましたねぇ」

「おはようございます。ほんとに急に寒くなっちゃいましたものね」

「たまぞう二つお願いします。あとで取りに来ますから」

「たまぞう、お二つですね。いいえ、でき次第こちらからお持ちします。熱々を召し上がっていただきたいですから」

「そうですか、じゃあ。ここにお代金置いておきます」

私は店の前にうず高く積んであるだんごのパックと草もちや大福などの餅菓子を選びながら、近所のおかみさんと女店員のやりとりを聞くともなしに聞いていました。

まんじゅうを選び終わって二つのパックを持って店内に入り「玉子ぞうにをお願いします」と頼むと、

女店員は奥の厨房に向かい「たまぞうひとつぅ」と声を張り上げたのです。

そうなのです。たまぞうとは玉子ぞうにのことだったのです。

ここは築地市場場内魚がし横町一号館。最初の目印が新大橋通りの市場橋交差点で、水神社という小さなお社が次の目印です。でもスマートフォンで地図を見ながら歩くのは絶対いけません。セリが終わったあとの時間帯の市場は、大量のフォークリフトとターレーが猛烈な速度で縦横無尽に走っているので危険がいっぱいだし、市場で働く人たちのじゃまになります。

私は六時半に近くのホテルを出て、大勢の観光客が早朝にもかかわらず長蛇の列を作っている大人気の寿司屋やとんかつ、カレー、そば、ラーメン、うなぎなどの店には見向きもせずに茂助だんごにやってきました。

私が注文を終えたあとに、この魚市場で働いているとみえる仕事着を着たやや肥満体の男性が入ってきました。

「たまぞう、味、ちょっと薄めでね」

この人もやっぱりたまぞうですが、健康に気を使って塩分を多少なりとも控えようとしているのでしょうか。三つある四人掛けのテーブルのいちばん手前に座って、スポーツ新聞を読み始めました。

奥の厨房から「はい、できたぁ」という声が聞こえてきました。私が頼んだぞうににちがいありません。女店員が玉子ぞうにを私のテーブルに置きました。

「ごゆっくりどうぞ」

これがうわさの玉子ぞうに。

目の前に置かれたたまぞうは色具合がとてもいい。割り込んだ玉子の白味と黄味が真ん中を占め、そ

の横に少し焦げたお餅が主役はこちらだと鎮座しています。お餅の上には海苔がのせてあって、その下に三つ葉が見え隠れしています。

匂いがいい。器に口を近づけると、焼いた餅の香ばしい匂いに混じってゆずの香りもする。もうたまらない。熱々のおつゆを少しだけすする。白いはんぺんとかまぼこは熱くないから先に食べてしまい、ようやくお餅の番になったのだが、フーフー冷ましながら食べないとやけどしそうなのです。うまい！早朝から力仕事をしてきた市場の人たちなら「うめ〜生き返ったぜ」なんてつぶやきそうです。

奥から「二つ上がったぁ」と大将の声がしました。先ほどの近所の出前の分でしょう。女店員がお盆にのせたたまぞうを小走りで届けに出かけたのと入れ違いに、店頭に並べてあるだんごとまんじゅうの前に人だかりがし始めました。やはり圧倒的な人気はだんごのようです。こしあんと粒あんと醤油だんごがそれぞれ一本ずつ入った小さなパックや二本ずつのもの、こしあんばかりが十本入っているもの……、様々な組み合わせでパッケージされています。客の多くはまずだんごを手にしてから、ほかのまんじゅうを選び始めます。大福はすでに売り切れです。五時開店の店で七時に売り切れだから相当な人気商品なのでしょう。あまり他店では見かけない紅白の餅菓子すあまも茂助だんごの人気菓子で、買っていく人を何人か見かけました。

先ほどの男性は玉子ぞうにをアッという間に平らげて、デザートにこしあんのだんごを三本やっつけていました。常連客なのでしょう。自分で料金を勘定して「置いとくよ」と帰っていきました。粋な江戸っ子のこしあん串だんごの食べっぷりじゃありませんか。

私は玉子ぞうにを食べ、だんごと草餅を買い求めて、市場のなかをぐるりとひと回りしました。有名な玉子焼き屋が何店かありました。包丁屋では四、五人の西洋人が品定めをしています。干物屋にも人だかりがしています。

ホテルへ戻って、いよいよだんごをひと串ずつ食べます。まずこしあんです。小ぶりですが姿がいいだんごで、甘さも私の舌にはちょうどよく、ペロッと一本食べてしまいました。こんなにおいしいのなら二本ずつ買えばよかったかな。次に粒あんです。こちらのほうが少し甘く感じます。誰かの研究では同じ糖度のこしあんと粒あんを食べ比べると、粒あんのほうが舌の上にのっている時間が長い分だけ、甘く感じるそうです。仕上げは口直しに醤油だんごを食べて、時計を見ると間もなく九時になろうとしています。草餅は三時のおやつに取っておきます。

東京・築地の朝は満足感と幸福感がいっぱいでした。

●福茂（茂助だんご本店）
〒104-0045 東京都中央区築地5-2-1築地市場内 魚がし横町1号館
電話 03-3541-8730
http://www.fukumo.jp/

11

壽堂の黄金芋

東京・人形町

これほど大切に包んである菓子は、私の知識と記憶にも多くはありません。東京・中央区人形町の表通りに店を構える京菓子司《つかさ》壽堂の黄金芋のことです。近頃では珍しい対面形式の座売りの店員は、和菓子屋独特の白い作業着で応対してくれます。三個ずつをバラで二つ頼んだのですが、渡されたのは、何やら文字がいっぱい書いてある紙袋。「四季製菓録」と表書きされていて、春の部は若葉餅、明ぼ乃、鶯餅、若みど里、紅梅、道芝、花衣、蕨もち、都鳥、道明寺御むすび、はつゆめ、下萌、笑顔、草もち、桜もち（一個代二銭）、寒紅梅（二銭五厘）以下全部で二十一の京菓子の名前が列挙してあります。夏の部が卯の花餅など二十六種類。秋は二十三種類、冬が十七種類。文末には「大方高雅《こうが》諸君乃御嗜好に適候《かないそうろうよう》様にと日々愚案を凝らし清新なる甘味を精製仕候処《つかまつりそうろうところ》（略）／西京御菓子舗　水天宮際　寿堂　阿るじ敬白」と漢文調でしたためてあります。

残る一面に「多年苦心の結果精巧なる丸焼黄金芋を製造仕候」と書いたうえで、黄金芋が他店のものとは違う珍菓であり、登録商標にした旨が記されています。いずれも一九〇〇年代（明治三十年代）の壽堂の菓子目録から採録したとあります。

紙袋のなかには、ジッパー付のビニール袋があり、そのなかに三個の黄金芋が黄色い和紙に包まれて並んでいました。ビニール袋に入っている意味はジッパーを開けるとすぐにわかります。ニッキの香りがフワーッとあたり一面に漂うので、それを閉じ込めておくためでした。

早速食べてみましょう。六、七センチの長さの焼き芋を小さくした形の和菓子です。黄味あんを丸めてそのまわりを小麦粉製の皮で包み、一面にニッキをまぶして焼き上げてあります。皮は本当の焼き芋の皮よりもさらに薄く作ってあり、職人の腕の確かさがうかがえます。ほのかに甘い黄味あんと鋭角的に鋭いニッキの香りが舌と鼻腔と咽喉で一体になって、お腹に納まります。

この菓子はどうも春夏や真冬には似合わない気がします。十一月末の寒い夕暮れどきに、庭にヒヨドリなんぞが飛んでくる姿を見ながら、ふっと人生を振り返りながら食べてみたいと思います。ニッキの凜とした辛さとまろやかな黄味あんは、秋の陽射しの名残を惜しむ感じで、それが明治三十年代から人気菓子であり続けてきた理由なのでしょう。

壽堂には季節の上生菓子や干菓子もあります。品数も多く楽しめます。黄金芋だけではなくもうひと品買い求めると、次に来る楽しみも増えようというものです。

さて壽堂で黄金芋を買い求めたあと、そのまま地下鉄で帰るのはいかにも芸がありません。かといってこの近所には特別な観光名所もなし。この街を楽しむにはいささか時代がかったというか、ノスタルジックで現代離れして、世間ずれした趣味・嗜好・素養が必要になるのではないかと思うのです。この街には「明治の花柳界」の空気がそこはかとなく感じられます。むろん私もそんな世界はついぞ知りませんが、子どものころテレビで観た新派の芝居の雰囲気があたりに漂っているような気がするのです。思い出す人物の名前は、久保田万太郎、川口松太郎、花柳章太郎、水谷八重子、市川翠扇、伊志井寛など。芝居のタイトルは『婦系図』『金色夜叉』『不如帰《ほととぎす》』『日本橋』『湯島の境内』『滝の白糸』など。歌であれば「浮いた浮いたと　浜町河岸に　浮かれ柳の　はずかしや　人目しのんで　小舟を出せばすねた夜風が　邪魔をする」の「明治一代女」でとどめを刺しますが、最近二十年ほどはこの歌を聞くことがなくなりました。

雰囲気がある建物は明治座、親子丼の玉ひで、人形町今半、そして壽堂。町名は人形町、小舟町、小網町、浜町、旧町名では芳町など。そうそう甘酒横丁という名前もそそられます。

一本裏通りには洋食屋が少なからずあって、私好みのビフカツが食べられる店もあります。ともあれ裏通りをくるくる歩いているだけで、自分が新派の主人公……でなくともチョイ役ぐらいにはなった気にさせてくれる街なのです。

旅では物を見て、人と出会い、おいしいものを食べることが楽しみですが、その町に流れる空気のなかに身を置いて時間を過ごすのも楽しいものです。

創業百三十年という歴史をもつ壽堂の黄金芋を通して、そんなことに気づかされました。

●**壽堂**
〒103-0013 東京都中央区日本橋人形町2-1-4
電話 03-3666-4804

12

もみぢの大銅鑼焼

横浜・野毛

まんじゅうの５Ｗ１Ｈを思い浮かべてみます。

いつ、午後。どこで、百貨店か商店街で。誰が、女性が。何を、見た目の美しいまんじゅうを。なぜ、お客様に出すために。どのように、品定めをしながら買う。というのがいちばんありそうなケースでしょう。

この真逆のパターンが横浜に存在します。

いつ、夜の九時前。どこで、飲み屋街の真ん中で。誰が、ほろ酔いのおやじが。何を、とにかくうまそうなまんじゅうを。なぜ、自宅へのみやげにするために。どのように、店主にまかせて買い求める。という不思議なまんじゅう購入風景。それがありえるのがＪＲ桜木町駅から歩くこと十分、ディープ野毛の飲食街というか飲み屋街で商売を続けているもみぢです。和菓子屋としては珍しく夜九時まで店を開けているのです。

大銅鑼焼がいちばんの人気商品で、直径が十一センチもあるビッグサイズ。金色のパッケージが丹波大納言の粒あん、銀色のパッケージが白あんです。

この店の特徴は品ぞろえが豊富で、季節の和菓子が必ず作ってあります。私はたくさんの種類を食べたいので平気で十種類ぐらい注文します。

前述のほろ酔い加減のお客なら「おやじさん、カミさんと小学生の娘と中学生のぼうずと婆さんにみやげを買って帰るんだ。おまかせでみつくろってくれますかね。中学生は三つは食うから、まっ全部でとにかく十個頼むわ」と頼めます。家へ帰り、包み紙を持った手をいっぱいに伸ばして「はーい、おみやげだよ〜ん。もみぢのおやじさんがみんなによろしくって言ってたよ」とか何とか言いながら、おみやげをちらつかせて帰宅すれば、多少酔っていても家族から叱られることもなく、台所からも居間からも明るい笑い声が湧き上がること間違いありません。

とにかく店主……というよりおやじさんが気のいい人で、客の無駄話にもニコニコしながら付き合ってくれる。先日もこんな会話を交わしました。

「おまんじゅう屋さんのおやじさんが、わざわざ百貨店へ行ってまんじゅうを買うなんてことはないですよね」

「そうですね」

「近頃、百貨店で売っているうぐいす餅に変なのがあるんですよ」

「うぐいす餅が変っていうのはどういうことですか？」

「きな粉の代わりに抹茶をかけてあるんですよ」

「え？　どうして抹茶なんか」

「よく知りませんが、抹茶スイーツが流行しているからなんですかね」

「それにしても抹茶はだめでしょ」

「そればかりじゃないですよ。青海苔をかける店まであるんですから」

「うぐいす餅は青豆きな粉でなきゃいけませんな。私は絶対青豆きな粉で死ぬまで貫きますよ」と背筋を伸ばした。

うれしい店である。

野毛という町は懐の深い町で、子ども向けの野毛山動物園は無料で入園できるし、ジャズの老舗が数店あってジャズフェスティバルも開かれる。さらに大道芸のイベントもあったり、にぎわい座では落語家の独演会なども頻繁に開催されている。

こんな野毛の町にもみぢはとても似合っているのです。

●御菓子司もみぢ
〒231-0064 神奈川県横浜市中区野毛町2-64
電話 045-231-2629

第4章

古都のまんじゅう

1

中谷堂のよもぎ餅

奈良市・興福寺、東大寺、新薬師寺

日本でいちばん古い都・奈良が私を悩ませます。見るべき寺の数が半端じゃなく、建造物も仏像も国宝や重要文化財ばかり。文化財の宝庫、世界遺産の法隆寺と人気仏像ベストテンには必ず入る中宮寺の半跏思惟像がすぐ隣にある斑鳩《いかるが》。金堂講堂の威容に圧倒される唐招提寺。五重塔に見ほれる薬師寺などの西ノ京。さらに山の辺の道の古墳群。明日香では酒船石や益田の岩船など謎に満ち満ちた石造物が私を迎え撃ちます。『古事記』『日本書紀』『万葉集』を訪ね歩く旅。これらが県内全域に広がっているうえ、その場所その場所においしいまんじゅう屋があるのだから、とても三泊四日ぐらいでは歩ききれません。一週間でも無理です。

どうせ迷うのなら、最初はど真ん中に直球を投げ込みましょう。

ＪＲ奈良駅か近鉄奈良駅からスタートして興福寺、春日大社、東大寺へと向かいましょう。このルートを歩くと、これでもかとおいしそうな和菓子屋が立ち並ぶ古都奈良で、まずは手軽においしいお餅を一つ、それも歩きながら食べることができます。中谷堂のよもぎ餅がそれです。

三条通りを興福寺目指して歩いてくると道が少し狭くなるあたりの右側に中谷堂があります。少なくとも五人十人、餅つきの実演時間なら五十人百人と人だかりがしているのですぐにわかります。ありがたいことに、たくさん客が並んでいても、この店のよもぎ餅は難しい包装などしないので、待ち時間はほぼゼロ分。早くて安くてとびきりうまい。

中谷堂のよもぎ餅は、よもぎ餅の王道をいっています。大きさ、柔らかさ、粘り、甘さ、きな粉の香り、よもぎのふんわりした匂い、どれも文句なしの「頃加減」。あまりのバランスのよさに特徴がないように思ってしまうぐらいです。当然のように買った日のうちに食べるよう指示があります。純粋の杵つき餅なので、翌日には硬くなります。硬くなれば焼いて食べる方法がありますが、それではきな粉やよもぎの風味を損ないます。その日のうちに味わうのがいちばんですが、ほどよい大きさのよもぎ餅を一度に二つ三つ食べることは、食べ盛りの少年ならともかく普通の大人にはできません。

そこで、奈良ならではのすご技をお教えします。

中谷堂でよもぎ餅を三つ買いましょう。店頭には三つ入りや五つ入りのパックが用意されていて、ビニール袋に入れてくれます。袋にはテレビで何度も紹介されている超高速餅つきの写真がデザインされています。それをぶら下げながらまずは猿沢の池のほとりに腰かけて、池の向こうの五重塔を眺めます。でもまだ食べてはいけません。池越しに眺めた五重塔は興福寺の五重塔です。興福寺には仏像世界のスーパースターであり、ヤングアイドル、少なくとも女性人気ナンバーワンの阿修羅様がいらっしゃいます。これから憂いを含み、ほほ笑みを投げかけ、しかも並々ならぬ決意を秘めた仏道の守護神阿修羅様にお目にかかるのです。一つ目のよもぎ餅は阿修羅様に捧げてください。阿修羅様がよもぎ餅を頬張る幼げな姿を想像すると、実にほほ笑ましいではありませんか。よもぎ餅は幼き者たちにとてもよく似合うのです。阿修羅様に捧げたあと、お下がりを東大寺への道すがら食べ歩きます。ただし、あちらこちらに大挙して待ち受ける鹿に食べられてはなりません。

二つ目は興福寺から大通りを渡ればすぐの東大寺で、大仏様にさしあげましょう。大きな仏様がよもぎ餅一つで満腹にはなりませんが、大仏様のふくよかなお腹によもぎ餅が一つすとんと落ちることを想像するだけで、楽しいじゃありませんか。中谷堂のよもぎ餅は大人にも笑顔をくれるのです。

東大寺から次なる目的地新薬師寺へと若草山のふもと伝いに歩いていくときに、大仏様のお下がりをいただきましょう。このルートは健脚ならたいしたことはないし、バスを利用すれば十分ほどでたどり着けます。

新薬師寺には国宝の十二神将がおわしますが、なかでも伐折羅《ばざら》大将（国宝指定の名称は迷企羅《めきら》大将）はその恐ろしげな風貌と、かっと口を開いて恫喝しているような憤怒の表情から仏像のなかでも特異な存在です。この仏に衆生のいたらなさを詫びながら口元によもぎ餅を差し出せば、心安らかになろうというものです。

さてここまでが奈良の入り口ですが、この三つの寺には数えきれないほどの国宝があるので、拝観だけで夕方になってしまいます。三つのよもぎ餅のお下がりをそのつどいただけば、活力も維持できて霊験あらたかなること疑いなしというものです。

奈良には中谷堂のよもぎ餅がよく似合うのです。

●中谷堂
〒630-8217 奈良県奈良市橋本町29
電話 0742-23-0141
http://www.nakatanidou.jp/

2

中西与三郎の南無観椿

奈良市・ならまち

奈良を訪れるのに季節を選ぶ必要はないものの、この季節に行かないと体験できないのが三月一日から十四日にかけて東大寺二月堂でおこなわれる修二会《しゅにえ》、お水取りです。

三月十二日の深夜（十三日の午前一時過ぎ）に若狭井《わかさい》という井戸から観音様に供える「お香水《こうずい》」を汲み上げる「お水取り」のいちばん重要な儀式がおこなわれますが、われわれ一般人にとっては一日から十四日までおこなわれる赤々と燃える松明《たいまつ》の儀式が目当てです。毎夜七時から長さ七メートル、重さ六十キロの「お松明」を童子《どうじ》と呼ばれる僧が担いで階段を駆け上がり、本堂まわりの舞台で荘厳ななかにも勇壮に振り回す様子が現実世界を超越しているので大勢の人々が参集します。火の粉は無病息災に効果があるとされ、火の粉を浴びたいと人々は競って近づきます。また、落ちた杉の葉の燃え残りを持ち帰ると災難除けになるともいわれ、終わったあともしばらくは人波が途絶えません。このお水取りが終わ

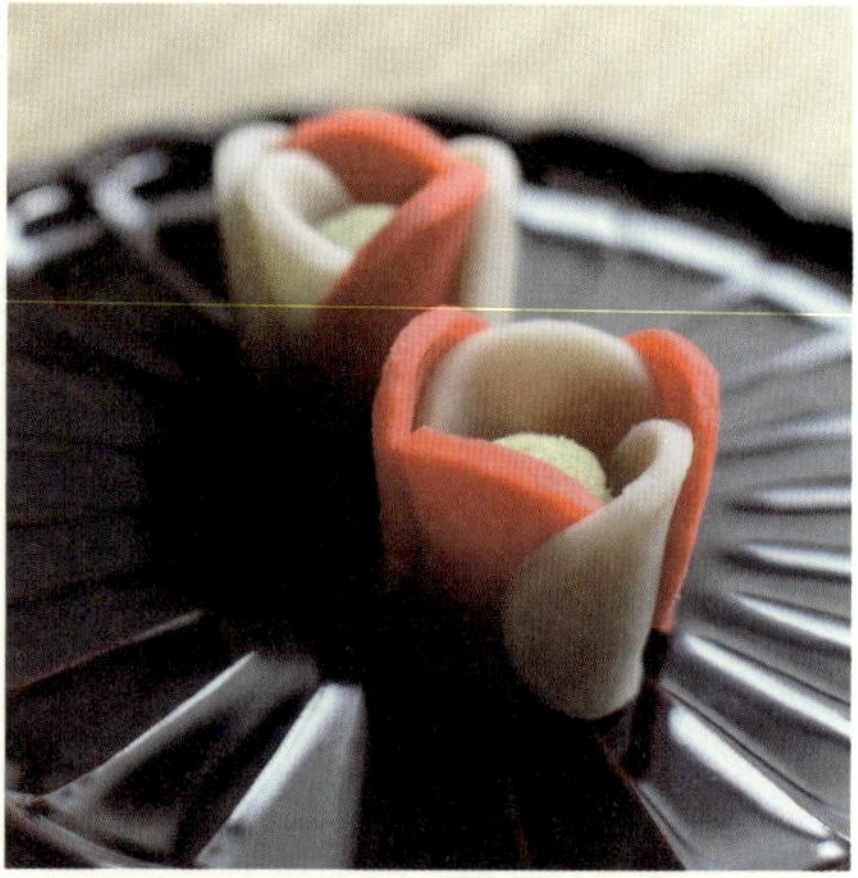

ると春が訪れると関西地方では言い継がれています。

奈良にはお水取りの行事に合わせて、椿の花をモチーフにして期間限定で販売される和菓子があります。堂に籠もる僧、練《れん》行衆《ぎょうしゅう》が、二月堂の須弥壇《しゅみだん》に飾るために紅白の和紙で作る椿の造花にちなむとてもきれいな和菓子です。その椿は、二月堂のそばの開山堂の庭に咲く「糊《のり》こぼし」という赤い花弁に白い模様が入った美しい花で、奈良の由緒ある和菓子屋では名称が違ったりデザインが違ったりはするものの、赤と白の花弁と黄色の花芯の三色を配したすてきなお菓子です。

私が今回いただいたのは寧楽《なら》菓子司中西与三郎の「南無観《なむかん》椿《つばき》」ですが、食べる前からうっとり見惚れるほどに姿形が美しい。南無観椿には二種類あって、紅い花弁が三枚で白が二枚のものはなかのあんこが黄味あん、紅い花弁が二枚に白い花弁が三枚のものは白小豆の粒あんが入っています。真ん中の黄色い花芯は蒸したもち米を小さな粉にしたみじん粉で作ってあります。食べてしまうのが惜しいぐらいに可憐なできあがりなのです。

食べてみました。お茶席でいただくいわゆる上生菓子にありがちな、見た目や季節感は申し分ないのだけれども、食べたときに味わいが少ないというような不満はまったく感じません。花弁にしとやかな甘さがあって、黄味あんや白小豆あんと共同歩調をとっているような、ほんのりしたおいしさが舌の上に広がりました。中西与三郎の南無観椿はドキドキするような妖艶な姿なのに、口に入れるとしとやかなのです。

寧楽菓子司中西与三郎の店舗は格子戸の家が立ち並ぶ、ならまちの一角にあります。三条通りや東向き通り餅飯殿《もちいどの》通りのように観光客がひしめき合う場所からひと足南に来ると、格子戸の町屋のカフェや小さな博物館などが並ぶレトロなたたずまいのエリアになります。中西与三郎の本店には茶坊・ギャラリー六坊庵があって、煎茶を飲みながら菓子をいただけますし、また和菓子作り教室も開催されています。ならまち全体が文化の香りが漂う場所なので、ぜひ訪れてみてください。

なお、二月上旬から三月末までの期間限定でお水取りの椿の和菓子を供する店の店名と菓銘も以下に記しておきます。

千壽庵吉宗は「二月堂椿」。

千代の舎竹村が「御堂椿」。

鶴屋徳満は「開山　良弁《ろうべん》椿」。

萬勝堂「修二会の椿」。

萬々堂通則は菓子の名前に椿の字がなく開山堂の椿の木の名前そのもので「糊こぼし」。

萬林堂「参籠《さんろう》椿」。

●寧楽菓子司中西与三郎
〒630-8337 奈良県奈良市脇戸町23
電話 0742-24-3048
http://www.naramachi.jp/

3

中将堂本舗の中将餅

奈良県葛城市・當麻寺

近鉄電車南大阪線の当麻寺駅で電車を降りて當麻寺《たいまでら》へ参詣しようとすると、駅のまん前に中将堂《ちゅうじょうどう》本舗があります。まんじゅう好きは、否が応でもまずはお餅を中将堂本舗の店内でいただいてから参詣することになります。「腹が減っては信心はできぬ」というではありませんか。

店先では次々と箱入りの餅を買い求める人々が女店員と注文の数を確認しながら品物を受け取っています。驚くほど多く買い求める客もいるので、中将餅の人気の高さがうかがえます。私のように店内で食べようという人は、狭い店先の右にある四席ばかりのテーブルに座ります。「中将餅と煎茶のセット」以外に「きな粉がけ草餅」や「草餅が入ったぜんざい（関東ではお汁粉という粒あん入りのものを関西ではぜんざいといいます）」など目移りがしないわけではありませんが、やはり中将餅と煎茶のセットを注文します。私が座ったテーブルに相席で三人座ったので、これで満席になってしまったと余計な心配をしていると、愛想のいい店員が次の客を「こちらへどうぞ」と中庭の別テーブルに案内するではありませんか。なるほど人気店とはこういうふうにシステム化されているのだと感心していると、お盆に中将餅が二つと急須に入った煎茶が運ばれてきました。

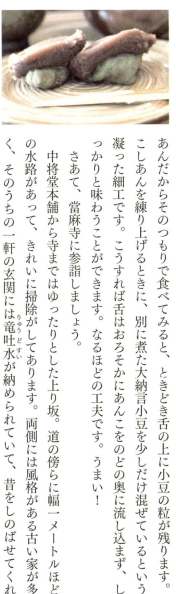

さてさて期待にふくらんだ胸をどう抑えるか。食べる前に煎茶を少し飲んで心を落ち着かせます。目の前にある中将餅は、よもぎ餅の上にあんこをいいあんばいにのせてあって、この形が何とも表現のしようがない。當麻寺は牡丹の花が名物なので、その花に似せて作ったとのことですが、私には帽子を被ったお地蔵様の頭のように見えます。あんこの下のよもぎ餅の色の鮮やかなこと。抹茶のような濃い深緑です。中将餅は葛城市近辺に伝わるあんつけ餅を中将堂本舗の初代が工夫を重ねて完成したよもぎ餅だとか。

御託はこれぐらいにして、いただきます。長い楊枝を使って三分の一ほどに切って口に入れました。つきたての餅は粘りがあって柔らかく、よもぎの香りがしっかりとする。そしてあんこ。見た目はこしあんだからそのつもりで食べてみると、ときどき舌の上に小豆の粒が残ります。こしあんを練り上げるときに、別に煮た大納言小豆を少しだけ混ぜているという凝った細工です。こうすれば舌はおろそかにあんこをのどの奥に流し込まず、しっかりと味わうことができます。なるほどの工夫です。うまい！

さあて、當麻寺に参詣しましょう。

中将堂本舗から寺まではゆったりとした上り坂。道の傍らに幅一メートルほどの水路があって、きれいに掃除がしてあります。両側には風格がある古い家が多く、そのうちの一軒の玄関には竜吐水《りゅうどすい》が納められていて、昔をしのばせてくれました。竜吐水は江戸時代から明治時代に使われた消火道具です。博物館以外で実際に町で見かけることは珍しいと思います。そんな古い街並みを歩いて當麻寺に着きます。

當麻寺は曼荼羅堂（本堂）、金堂、講堂の三カ所が公開されています。本尊の當麻曼荼羅が国宝の厨子《ずし》に納められていて、金堂では弥勒仏や四天王などの白鳳仏が拝観できます。さらに東塔西塔の三重塔が対として現存しているのも見逃せません。

そしてこの寺には中将姫伝説が伝わっています。五歳で母親を亡くした中将姫は、美貌と才能に恵まれていましたが、継母に憎まれ虐待を受けるようになり、尼になったそうです。やがて長谷観音のお告げにより、一夜で當麻曼荼羅を織り上げたとされています。

参詣をすませたら、中将餅の十個入りを二つ三つおみやげとして買って帰りましょうか。

●**中将堂本舗**
〒639-0276 奈良県葛城市當麻55-1
電話 0745-48-3211
http://www.chujodo.com/

4

白玉屋榮壽のみむろ

奈良県桜井市・大神神社

大神神社《おおみわ》一の鳥居のすぐそば、真下といってもいい場所に絶品「みむろ」で名高い白玉屋榮壽の本店があります。

まずは味の報告。みむろは私にとって理想の最中です。皮（最中種《だね》）が舌になじんでとろけるようで、あんこは製造時の寒天の加え具合がよくて最中あんではないようなつるんとした食感が残っています。

人それぞれにお国自慢ならぬ、ひいきの最中自慢があるものですが、好みの最中を決めるポイントがいくつかあると思います。

まずは大きさと厚さです。大きい最中と分厚い最中の製造元は食べるお客のことをあまりよく研究していないように思います。とりわけ女性にとって最中は、生菓子のように楊枝で食べられないし、手で

割れば皮がぽろぽろ落ちるのでボリュームがあるものはよくない。白玉屋榮壽の最中みむろは小ぶりで薄くて、ちょうどいいのです。

そしてあんこ。最中あんは大粒の小豆が主張する粒あん系のあんこが一般的ですが、みむろは上品に甘さを抑えたこしあんに少量の粒あんを加えてあるので、口のなかで小豆がコロコロすることがありません。こしあんと粒あんのいいところがミックスされています。

最中のあんこは日持ちを考えて水飴を多めに入れ、長い時間煮詰めて作られますが、そうするとあんこの口溶けが悪くなりもっちりしてしまいます。みむろはあっさりとしたあんこなのに、一週間の賞味期限を確保してあります。これは、みごとです。

もう一つ。最近の最中は皮とあんこを別に包装してあって、食べるときに自分で合体させるのが主流です。乾燥剤を封入した袋に皮を入れておくから、皮のパリッとした歯触りと焼いた香りも残っていておいしいというのですが、私はこれが好きではない。パリパリの皮にあんこを詰めてふたをするときに皮が割れやすいし、難しい。何よりもめんどうだ！

パリパリにそれほど大きな意味はないと思います。みむろはあんこの水分を皮が吸収していますが、それを一つひとつセロハン紙や包装紙でくるんだりしていないので、吸収した水分は適度に放散されていきます。皮はパリパリではありませんが、何の問題もありません。

白玉屋という屋号。白玉団子と最中の皮は同じくもち米から作るのですが、白玉屋榮壽の最中の表面のつるつる具合から想像すると、もち米の精製を相当丁寧にやっているように思えます。

最中の名前のみむろは、三輪山の別称が三諸山《みむろ》であることからきているようです。一の鳥居をあとにして大神神社に向かいます。大神神社には本殿がなく背後の三輪山そのものがご神体で、拝殿の奥にある三ツ鳥居を通して三輪山を拝するという原始宗教に近い形式の神社です。厳かな三諸山を崇敬しながらみむろをいただきましょう。

三輪山からは山の辺の道の起点として、どこへ向かっても御陵、古墳、神社、仏閣、石造物などと出会えるコースに入ります。車ではなく、ぜひ歩いてみてください。

●白玉屋榮壽
〒633-0001 奈良県桜井市大字三輪660-1
電話 0744-43-3668
http://www.begin.or.jp/~mimuro/

5

東寺餅の東寺餅と亥の子餅

京都・東寺

京都を歩けばあちらこちらで和菓子屋、まんじゅう屋、甘味処に出くわします。おすすめの店は十指に余りますが、まずは新幹線から見える五重塔を目当てに東寺へ参詣し、ここから京都甘いモノの旅の第一歩を踏み出しましょう。

東寺の境内は国宝の金堂をはじめ、太子堂、五重塔などの建造物や仏像、絵画にも国宝重要文化財が多数あり、ゆっくり見ていると一日がかりになってしまいます。まして毎月二十一日の弘法大師の縁日には早朝五時から骨董品や古美術品、各種がらくた、古着、西洋アンティークなどの露店が所狭しと出店して、骨董好きならずとも二時間や三時間はあっという間に過ぎてしまいます。

十年ほど前にこの弘法市で「和菓子見本帳」を見つけたことがありました。見本帳というのは老舗の大きな和菓子屋が、寺や商家、大名などの得意先から菓子の注文をとるために、四季折々の和菓子を色彩豊かに描いたカタログです。骨董品屋の店頭にあったものは汚れのない完品なのでほしくなり女性主人に値段を聞いたところ「五万円」だとのこと。「うーん、高いなぁ。手が届かない」。骨董市らしくがんばって値切ってみたところ、にっこり笑ってこういう答えが返ってきた。「あかんのですわ。京都にはおまんじゅう好きな人がぎょうさんいてはって、あの人らは食べるだけやのうて、こういうもんを見せっこして自慢するのも大好きやから見本帳はすぐ売れてしまうんです。夕方に売れ残ってたら二千円くらいはおまけしてもええけどね」と。顔はニコニコしながら言うことはきつい。私はおとなしく引き下がりました。

さて弘法市の日に東寺の東門バス停前の和菓子屋東寺餅では、特別に店頭でよもぎ餅を焼いて売っています。大ぶりの少し焦げた熱々のよもぎ餅を食べながら門のなかに入っていく人もかなりいます。この日の東寺はとても楽しい雰囲気で世界遺産の仏教寺院の重厚さはなく、人々はちょっとしたお祭りムードを味わっています。

この東寺餅でいちばんの人気商品が店名と同じ名前の東寺餅です。小ぶりでふわふわのお餅は男性ならひと口でいけますが、おいしさを味わうにはひとかじりしてから残りを食べるという二段階にしたいものです。ひと口で飲み込んでしまうと東寺餅のちょっとした秘密に出合えなくなるからです。東寺餅は餅という名前でも餅ではなくて求肥です。しかも生地にメレンゲを練り込んであるのでフカフカ、フワフワです。あまり大きく作ると型崩れするから小さくまとめてあるのかもしれません。ほどよい粘りと反発力も感じられて、充実した食感が楽しめます。

そしてあんこ。上品なこしあんとほのかな甘みが求肥とバランスよく混じり合っているのでしょう。間違いないおいしさです。私の友人知人には粒あん派が多くこしあん派は少数勢力ですが、東寺餅を食べさせればこしあんのよさがわかってもらえるかもしれません。

東寺餅には店構えに比べてたくさんの種類が並んでいて、にっき風味で二番人気の亥《い》の子餅もおすすめです。もともと旧暦の十月の亥の日を炉開きの日とする茶の湯の世界で使われる季節限定のまんじゅうでしたが、人気が高く、いまではいつでも購入できるようになっています。

東寺は国宝の特別拝観など春と秋に催しがありますので、そんなときに出かければいっそう楽しめるでしょう。

●御菓子司東寺餅
〒601-8428 京都府京都市南区東寺東門前町88
電話 075-671-7639

6

一和とかざりやのあぶり餅

京都・今宮神社

世界遺産の神社仏閣である上賀茂神社、下鴨神社、金閣寺などから遠くはないが近くもない場所に今宮神社があります。もう少し近い場所でいえば、広大な敷地に二十以上の塔頭《たっちゅう》を持つ京都・紫野にある禅宗の大寺院大徳寺。大徳寺は非公開の塔頭が多く観光スポットとしての人気はあまり高くありませんが、勅使門、三門、仏殿、法堂《はっとう》など目をみはる建物がたくさんあり、茶室や庭園、障壁画など文化財も多く残されています。千利休ゆかりの地で、例の豊臣秀吉の怒りを招き切腹のきっかけとなった三門が威容を誇っています。

それらの有名神社仏閣ほど知名度はありませんが、目的地の今宮神社は四月のやすらい祭、五月の今宮祭、十月の例大祭などが有名で大勢の人でにぎわいますし、玉の輿神社という別名があるように良縁を祈願する人々も参詣に訪れます。

この今宮神社の東門前にある二軒のあぶり餅屋が大人気なのです。東門に向かって右側が一文字屋和輔、通称一和。のれんには「いち和」と記してあるので、どれが正解ということもないのかもしれません。左側がかざりや。こちらは店頭のかまどに「錺屋《かざりや》」とありました。

一文字屋和輔の店主によると、次のような経緯がありました。

「あぶり餅の形状は髪飾りである玉かんざしや二股かんざしをモチーフとしているため、「かんざしを作るかざり職人」から取って「かざりや」という屋号になったと聞いています。漢字は、当時はかんざしなどを作るところは錺屋と言ったために錺を使ったようです。

あぶり餅は、代々女性の仕事とされ、実際、男性が手伝うと、祖母には「男が手伝うような仕事ではない。表に出るな」とよく言われました。その昔は女性の商いだったようです。

したがって、この家の代々の主人はそれぞれ職を持っていました。そのなかに、神社の神輿や神社のかざり金物を作っていた主人はいたと聞いてます」

この一和とかざりやは真向かいに店を構えていて、どちらも人気があって店の外に席が空くのを待つ人が並んでいます。値段も定休日も串の本数も同じ。小指くらいにちぎった餅にきな粉をまぶし、二つに先が割れた竹串に刺して、店先の備長炭であぶります。焦げ目がついた餅に京都特有の甘い白味噌をベースにしたタレを付けます。香ばしさと甘みと味噌の風味がミックスされてとてもおいしいのです。

二つの店の味の微妙な違いは、使っている白味噌の違いかと想像できます。京都府民以外の方の脳裏にある白味噌は単なる白い色の味噌であり、赤味噌でない味噌ぐらいのイメージかもしれませんが、実際は赤味噌、信州味噌、八丁味噌などに共通する味噌特有の塩気や辛さはありません。醸造過程で麴を二倍量使うことで、うまさとしての甘みが強いのが京都西京味噌などの白味噌の特徴です。

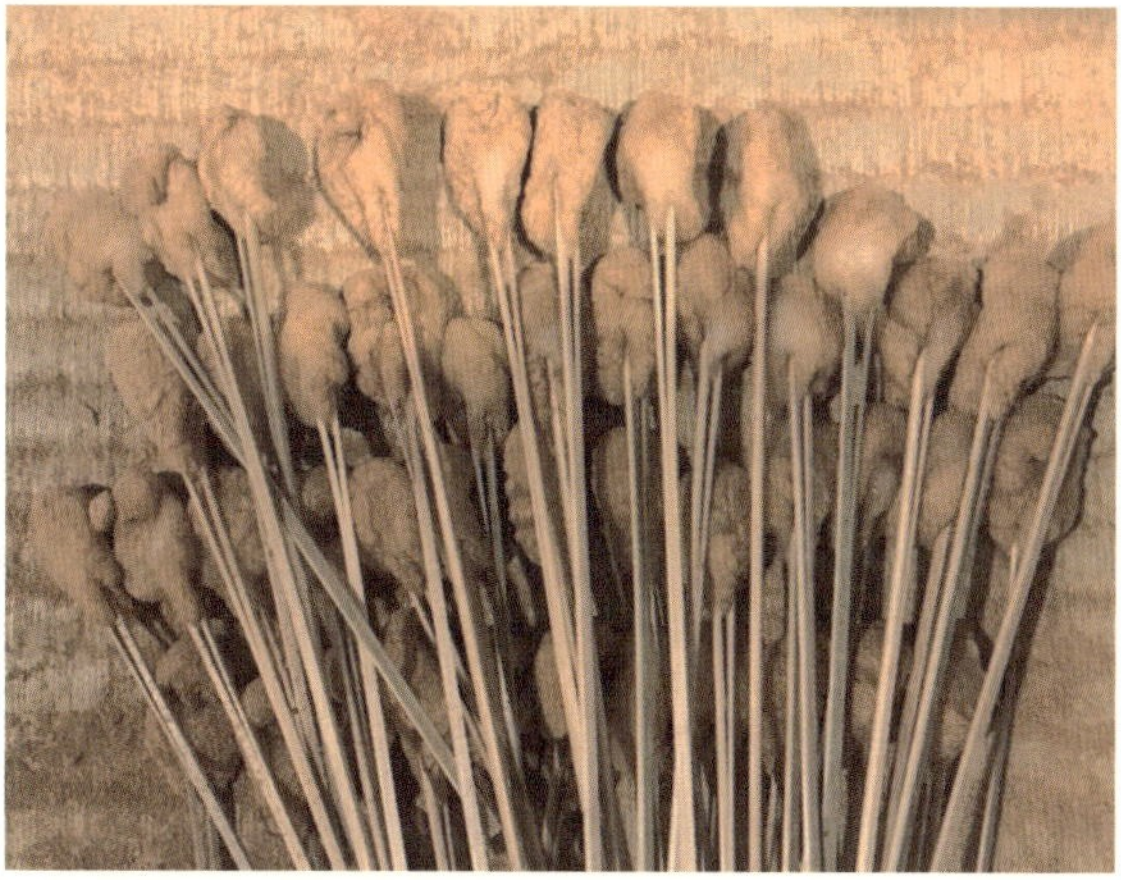

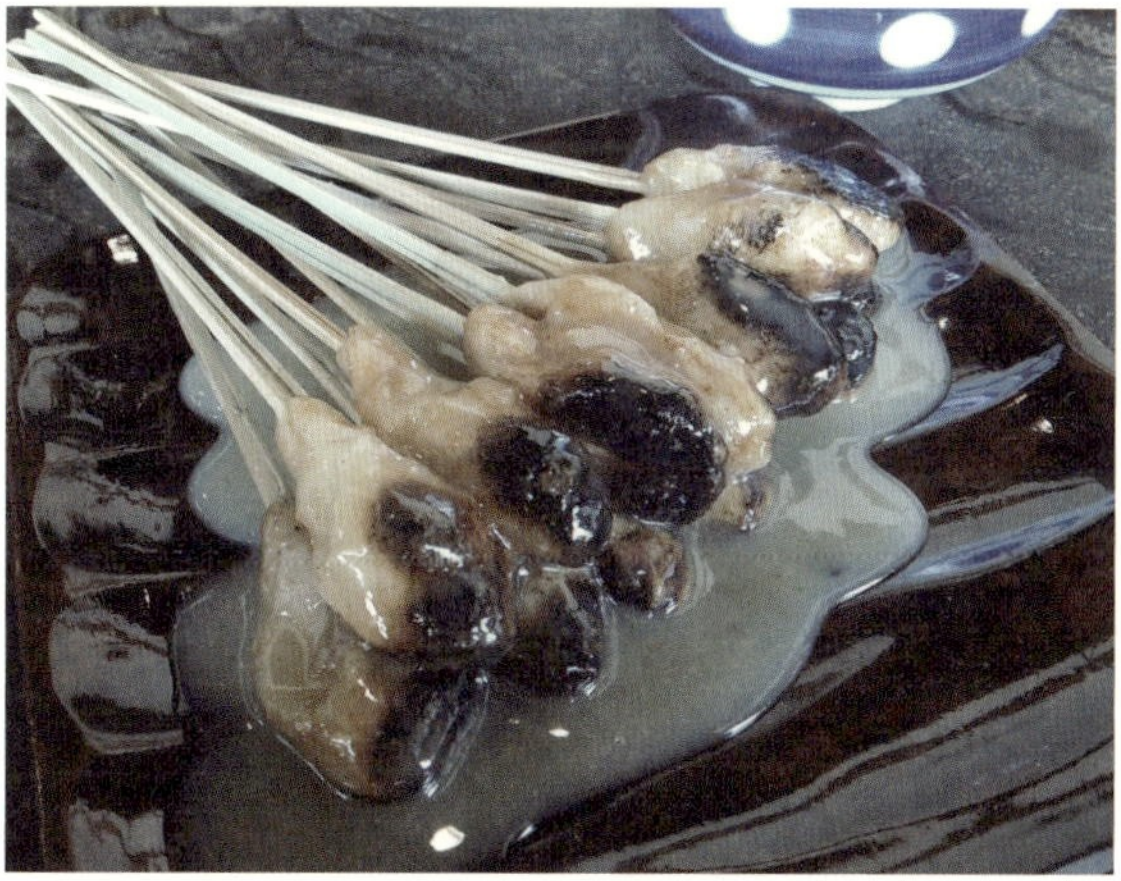

道路の左側を歩くのが多くの人の習性でしょうから、まずはかざりやで一人前十三本を召し上がってください。食べ終わったら支払いをすませて、今宮神社に参詣。ここで玉の輿を願ったり、それぞれの願い事や感謝や報謝をしてから、帰り道も左側を歩いて一和に入りましょう。

二人前を食べることになりますが、満腹で食べられないということは決してありません。ネット上では一つのあぶり餅の大きさが親指くらいと評されていますが、そんなに大きくありません。小指の太さか、もしくはそれより小さいので、二軒の店で二人前二十六本を食べてもだいじょうぶ。

最後に、食べ比べた結果を発表します。

一和のあぶり餅は餅そのものが同じぐらいの大きさで行儀よく並んでいますが、かざりやは、前ページの上の写真のようにほぼ均一に餅をちぎっても、焼けムラによって大きく膨らむところやそれなりに膨らむところ、多少焦げるところなどがあるようです。

きな粉と焦がし具合に差はありません。甘みは一和のほうが立っています。かざりやのほうがなじんでいます。どちらが好きかを舌と言葉で楽しむのも一興です。

●一文字屋和輔
〒603-8243 京都府京都市北区紫野今宮町69
電話 075-492-6852
facebook あぶり餅一和

●あぶり餅かざりや
〒603-8243 京都府京都市北区紫野今宮町96
電話 075-491-9402

7

ふたばの名代豆餅

京都・出町

少し塩気がきいた餅。やや硬めの大粒の豆。それほど甘くないこしあん。多すぎないもちとり粉。奥に見える大勢の職人は白い帽子に白い作業服で清潔感とスピード感がある。販売スペースを担当する七、八人の店員は、必要なことだけをきっちり確認してくれる安心感がある対応。店頭で大勢の客をさばく、まだ少年の店員がエライ！　歩道を行く人々の妨げにならないように「前の方と隙間ができないようにお進みください。店の近くへお寄りください。申し訳ありません。前へお詰めください」と行列を何とか三列以内に収めようと奮闘している。私ならとっくに声を荒らげるだろうが、笑顔とはいかないまでも、かの少年の必死さの伝わる表情にもう一度、エライ！

名代豆餅の出町ふたばはそういう店なのです。

餅はこれ以上柔らかくすると頼りなくなるだろう、という二、三歩手前のつき加減で、歯ごたえと粘

り気を誇っています。材料に使っている滋賀県江州《ごうしゅう》羽二重《はぶたえ》餅米の実力が遺憾なく発揮されている。古くは江州米と呼ばれ暖かく豊かな土壌で育てられ、ついた餅はねばりとのびのよさ、そしてこしの強さが身上のきめ細やかな餅になります。冷えたあとも硬くなりにくい特徴があり、出町ふたばの豆餅のよさを担っているようです。

赤エンドウ豆は豆大福を豆大福たらしめる大きな要素です。一つずつの粒は大きいものの、数は多く入っていません。豆餅や豆大福のなかには、どうかすると豆の多さを誇るかのようにたくさん入れてある店もありますが、それではお餅のよさが消えてしまいます。豆は煮方も味もすばらしく、豆かんなどのみつ豆系の甘味が好きな人にも大好評です。

さらに人気の豆大福は粒あん入りが多いのですが、ふたばの豆餅はこしあんです。その特徴を二つ挙げておきます。一つはこしあんのこし具合です。上生菓子中心の店ではこしあんがいちばんの武器ですから、色はあくまで薄紫で、豆の香りがほのかに残り、舌の上でとろけるようなきめ細かさが要求されますが、ふたばの豆餅にそんなこしあんを入れたら餅を噛んでいる間にあんこがどこかに消えてしまいます。したがって、ふたばのこしあんは餅とうまい具合に混じるぐらいの練り上げ方で、とろけるようなことはありません。

次があんこの量。「お餅のなかにたっぷりあんこが詰まっています」というのも多くの人気豆大福に共通する褒め言葉ですが、これもふたばは逆です。餅のなかにたっぷりあんこを詰めているのではなく、少しのあんこをおいしい餅で包んでいますというのがふさわしい。餅を食べるためのおかずのようなものがあんこなのです。

出町ふたばの豆餅は覚悟を決めて本店で並んで求めるのが一般的ですが、京都市内の百貨店で買えますし、名古屋や東京の百貨店でも曜日と時間は限定されますが買うことができます。

●出町ふたば
〒602-0822 京都府京都市上京区出町通今出川上ル青龍町236
電話 075-231-1658

8

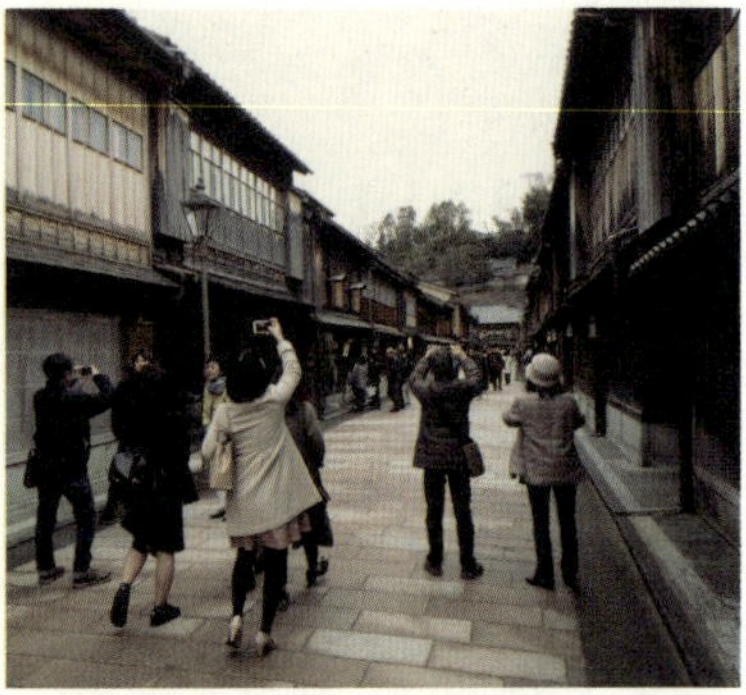

上生菓子とお茶三昧

石川県金沢市

金沢の和菓子を紹介しましょう。金沢は歴史と文化が色濃く残る町ですから、和菓子も地元文化との関わりのなかで取り上げたいと思います。ですから、ここでは最高級の砂糖・和三盆《わさんぼん》で作られる落雁《らくがん》、庶民の味の代表ともいえるきんつば、そして生麩まんじゅうなど、全国各地の百貨店や物産展で買い求めることができる有名店の和菓子は除きます。

まずは金沢への旅行者のほとんどが訪れる特別名勝・兼六園のなかにある時雨亭《しぐれてい》というお茶席から始めましょう。手入れが行き届いた玄関まわりですが、そこに「本日のお菓子とお茶」の銘が貼り出されています。抹茶にするか煎茶にするかの選択肢がありますが、抹茶には上生菓子がつき、煎茶には干菓子がつきます。受付で抹茶券か煎茶券を求めて中に入ってください。

案内された大広間は十畳二間と八畳二間の襖を取り払ってある広い空間で、私の斜め前にはフランス人が四人、正面には若いカップルが一組、横には女性が一人、さらにその隣に若い女性グループが座りました。案内の女性が足を崩すようにと笑顔で言ってくれて、茶席特有の堅苦しさが一気にほぐれます。

座ってしばらくすると時雨亭オリジナルの上生菓子が運ばれてきました。「花霞」という菓銘の菓子で、淡い桜色をした小さな花弁があしらってあり、金箔工芸の町・金沢らしくお菓子の上に金箔が振りかけてあります。

黒文字《くろもじ》（和菓子用の楊枝）でひと口大に切り分けて口に運ぶと、ほんのり桜の香りがしました。こしあんのなかに桜の塩漬けを少しだけ練り込んであるのです。塩気があんの甘さを引き立たせている感じがして、それが抹茶のわずかな苦みと調和して玄妙なる味わいがしました。この土地の風土と季節感が手を携えて私を歓迎してくれます。

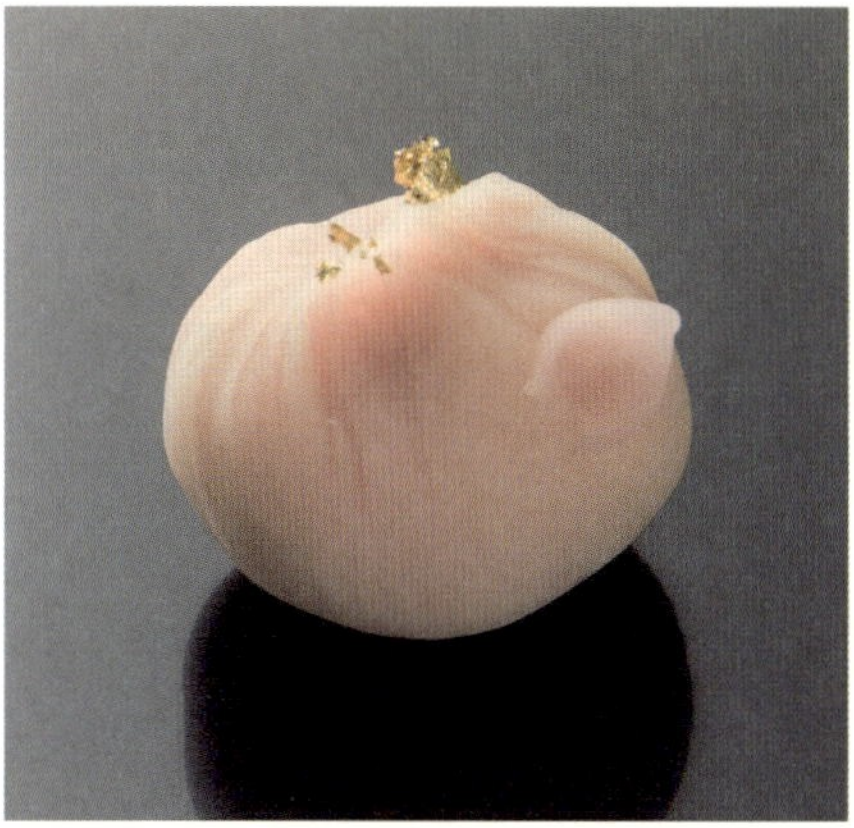

上生菓子を少し甘く感じたせいで、「蓮池の香」という銘の抹茶は飲み口がよく、さっぱりした苦みが口のなかに残るように感じました。

抹茶を楽しんだあとは、庭が見える縁側でしばらくゆったりとした時間を過ごします。歴代の城主がさまざまに手を入れて今日の姿になっている兼六園のなかには、ほかにもお茶席があるので、広い庭園内を歩きながら最寄りのお茶席で金沢の和菓子を味わうことができます。

兼六園から百間堀にかかる石川橋を渡ると重要文化財の石川門があり、そこから金沢城公園が広がります。金沢城は何度も火災

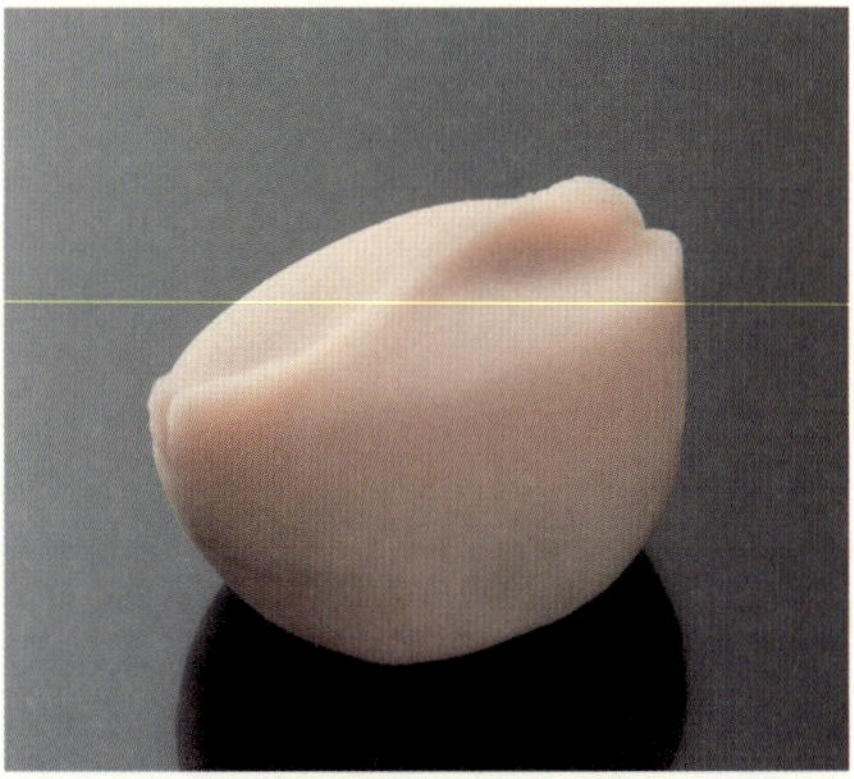

にあって焼失した建造物が多いのですが、古絵図や古文書などをもとに石川県内の宮大工が釘を一切使わない伝統的な工法でいくつかの建物を順次忠実に復元してきたということです。

目的地は玉泉庵《ぎょくせんあん》というまだ新しいお茶席です。標識に沿って玉泉院丸庭園に向かいます。池泉《ちせん》回遊式庭園で、池の底から正面にそびえる石垣最上段までの高低差が二十二メートルもある立体的な庭です。正方形の石材に短冊形の石を段違いに配した、色紙短冊積石垣と呼ばれる石垣群のデザイン性にも目を奪われます。

その庭のなかに新しく建てられたお茶席・玉泉庵があります。受付で呈茶券を求めて荷物を置き、大広間に進むと、正面に庭が一望でき、これまた重要文化財の三十間長屋が目に入ります。長さ三十間弱の二階建て多聞櫓《たもんやぐら》で鉛瓦葺きの堅牢な構造が特徴的ですが、実に美しい風景です。

ほどなく上生菓子が運ばれてきました。大正期に創業の柴舟《しばふね》小出《こいで》という老舗和菓子屋の「水と桜」という菓子でした。桜の花弁を二枚交互に並べたように見える形で、それが水面に浮かんでいる様子から「水と桜」と名付けられたのでしょうか。あんこは萌え出す春を思わせる薄い緑色のよもぎあんで、とてもおいしい上生菓子でした。

抹茶をいただいてから見るともなく床の間を眺めると、生けてある花が茶室のわびさびとはかけ離れた明るい色調です。にじり寄って見ると鮮やかな朱色の木瓜《ぼけ》の花と深い黄色の山吹が艶《あで》やかな立ち姿を披露していて、その下をクリスマスローズが支えていました。思わず「お茶室には珍しい花ですねぇ」

とつぶやくと、先ほどお菓子を運んできた若い女性が「私なんです。自分が好きなお花を生けたらこんなふうになってしまいました」と申し訳なさそうな顔をしました。「いやいや、この茶室は広くて明るくて、お庭も新しいですから、これぐらい華やかなお花のほうが映えますよ」と私。抹茶を運んできた女性も「私もそう思います。ここは四畳半の密室空間のお茶室とは違いますから、こういうお花のほうが生き生きしています。クリスマスローズは和名を寒芍薬《かんしゃくやく》と呼ぶそうですよ」と加勢しました。

金沢の歴史と伝統が未来に向かって息づいている感じがして、実に豊かなお茶のひとときを過ごすことができました。

市内の観光スポット巡りは、整備されたバス路線のおかげでとても楽です。駅から右回り循環バスに乗れば十分ほどで金沢一の人気を誇る「ひがし茶屋街」に着きます。江戸時代に城下のお茶屋を集めて誕生したひがし茶屋街は規模が大きく、独特の紅殻《べんがら》色の出格子が美しい古い街並みで、国の重要伝統的建造物群保存地区に選定されています。

なかでも重要文化財の志摩は格式高いお茶屋で、富裕な町人や文人たちが歌舞音曲などの芸事、茶の湯、俳諧などを楽しんだ遊芸文化施設であり、形も雰囲気もそのまま残されています。志摩のなかにある茶房・寒村庵で伝統の和菓子を楽しむことができるとあれば、ぜひとも訪れたいではありませんか。

抹茶がいただける場所は、カウンター一列のおしゃれな空間です。薄紅色の可憐なお菓子が運ばれてきました。黒文字を使ってひと口食べると、とんでもなくおいしい。もうひと口。あれ、この味は私の舌が覚えている味だ。こしあんの薄紫のほのかな色に添うようにあんこの甘さが奥ゆかしい。

上生菓子の練り切りやきんとんの生地はときとして素っ気ないことがありますが、この生地には味わ

いがあります。好ましい甘さがあるのです。砂糖の種類まではわかりませんが、グラニュー糖か白双糖系の純度が高い砂糖が使われていると思います。

抹茶を運んできた女性にこのお菓子はどの店のなんというお菓子ですかと尋ねると、「吉はし」の「つぼみ」とのこと。それで納得。前日に金沢漆器の有名店・能《の》作《さく》の四階にある甘味処・漆の実でいただいた「雛の段」というお菓子が吉はし製で、飛び抜けておいしかったのを舌が覚えていました。前日の感動と驚きをまた味わえたのです。

吉はしの上生菓子は店での小売りをしていないので、お茶席か料亭でしかいただくことができないらしい。

ほかにひがし茶屋街で吉はしの上生菓子に巡り合える店として、加賀友禅グッズの久連波《くれは》があります。

上生菓子をいただくなら、当然、お茶の話をしておかなければなりません。

金沢では茶の茎を浅く焙じて芳醇な香りを出す加賀棒茶が有名です。創業百五十年の丸八製茶場が、ひがし茶屋街に出店している茶房一笑《さぼういっしょう》では、上生菓子や桜餅、白玉ぜんざいなどと一緒に棒茶、煎茶、玉露、抹茶をいただくことができますが、どれを頼んでも水出しの棒茶がついてきて、ひと口飲むだけで甘みとうまみを実感できます。

煎茶を頼むと一煎目のあと、二煎三煎まで甘みとほろ苦みの変化を楽しめます。最後には温かい焙じ茶まで出されて、口のなかは大満足です。

私は抹茶を頼んだのですが、これが目からウロコ、驚天動地、びっくり仰天というか……、こんなにうまみがある抹茶を体験したことがありません。
抹茶はたて方によって味に差が出ますが、その前にどういう品質の抹茶なのかに大きく左右されます。茶道の世界で「どちらのお店のお抹茶ですか？」という質問を「お詰めは？」と言いますが、それを聞くことに大きな意味があることをここで初めて知りました。なのにその場で聞くのを忘れていて後日メールでお尋ねしたところ、京都宇治五ヶ庄産の「一笑の昔」という抹茶だと教えていただきました。

私は「一笑の昔」を体験して抹茶という飲み物について、いくつかのことに気がつきました。まず抹茶のおいしさを言い表す言葉が見当たらないことです。のどごしのよさとか、舌で感じるうまさとか、香り、甘さといった抹茶を表現するフレーズや単語が、抹茶のおいしさに追いついていないのです。「まろやかな口当たり」「甘い」「ほのかな苦み」「爽やかさ」ぐらいがキーワードとなっていますが、「一笑の昔」のおいしさをこれらの言葉で言い表すのは無理です。

私の感想はこうです。抹茶「一笑の昔」はひと口飲むとまず唇がほほ笑み、舌をくぐるときに味蕾が歌い、のどの入り口で細胞がワルツを踊りだし、最後にのどを通っていくと脳がまどろむように心を開くのです。

ややこしい言い方になりましたが、抹茶は飲むまでの時間経過と視覚的な出来事や約束事が多いので、いざ飲む瞬間に楽しもうという感性が失せがちですが、「一笑の昔」は飲み物として本当にすばらしいと言いたいのです。

金沢でのおいしい和菓子と抹茶の体験はこれまでにしますが、もう一つだけ紹介したいまんじゅうがあります。越山甘清《こしやまかんせい》堂の名代焼きまんです。金沢の観光で老若男女の多くが立ち寄る近江町市場のなか

にも越山甘清堂の店があります。観光客の多くが魚屋と寿司屋を物色している間に、私は一直線に焼きまん店を目指しました。「焼きまんの大きいのを三つください」と頼んだのですが、「すいません。大きいのが売り切れて小さいのしかないのです」「えっ、そこにあるのが大きい焼きまんじゃないのですか？」「いいえ、大はもっともっと大きいです」「うはぁ、まだお昼前なのにもう大は売り切れですか」と驚きながら小さいのを二つ買って、大きい焼きまんは金沢駅の構内で買うことにしました。しかし、私が買った小さいサイズは直径十二センチもありました。それで十分に大きいですが、大はなんと直径十五センチ。特大の焼きまんです。

中身はこしあん入りの酒まんじゅうで、表面に金沢の名所や名産品の焼き印が押してあります。あんこの甘さは絶妙。皮はモチモチでうまい。日持ちは三日で翌日には硬くなるので、買って帰ったらすぐに冷凍しておきます。解凍は自然解凍がベター。その後電子レンジなら大きさに合わせて四十秒から一分十秒くらい加熱。酒まんじゅう独特の香りが立ってきます。オーブントースターなら二分半加熱すると、表面が少し焦げてパリッとなってさらにおいしくなります。

上品な上生菓子と抹茶の旅の最後は、大きな焼きまんにかじりついてペットボトルからお茶をごっくんごっくんしても罰は当たりません。

●**兼六園時雨亭**
〒920-0936 石川県金沢市兼六町1-5
電話 076-232-8841
http://www.pref.ishikawa.jp/siro-niwa/kenrokuen/sigure.html

●**玉泉庵**
〒920-0937 石川県金沢市丸の内1-1
電話 076-221-5008
http://www.pref.ishikawa.jp/siro-niwa/kanazawajou/gyokusen-an/

●**志摩**
〒920-0831 石川県金沢市東山1-13-21
電話 076-252-5675
http://www.ochaya-shima.com/shima/shima_f.html

●**甘味処 漆の実**
〒920-0962 石川県金沢市広坂1-1-60
電話 076-263-8121
http://www.kanazawa.gr.jp/nosaku/urushinomi/

●**茶房一笑**
〒920-0831 石川県金沢市東山1-26-13
電話 076-251-0108
http://www.kagaboucha.co.jp/issyo/03_cafe/index.html

●**越山甘清堂**
〒920-0907 石川県金沢市青草町88
電話 076-210-7000
http://www.koshiyamakanseido.jp/

第5章

日本文化とまんじゅう

1

小春日和のむらすゞめ

岡山県倉敷市

小春日和の午後。スズメがネコジャラシの草にとまり、ブランコを楽しむようにゆらゆら揺れていることがあります。スズメはイネ科のネコジャラシの実が好物で、細い茎の上でバランスを取りながら食べているようです。子どものころ何度やってもうまくいかなかったのですが、数羽のスズメがとまっている柿の木の下に米を何粒か置き、そこから米粒を導火線のように並べて竹のざるの下に置きます。ざるは割り箸をつっかえ棒にして片方を立て、ひもを結んで離れた場所で待ちます。スズメが米粒をついばみながら順々に歩いてきてざるの下に入ったとき、エイ!とひもを引っ張ってつかまえる作戦です。失敗したのは二度や三度ではなく、冬になって雪の上で試みたこともありました。

まんじゅう屋で働いていた職人が、「この米粒はなぁ、お酒に漬けてあるで。これをざるの下に入れておけば、スズメが食べて酔っぱらってこてんとひっくり返るから、そのときに捕まえたらええぞ」とアドバイスしてくれましたが、これも残念ながら失敗に終わりました。

スズメというのはとても愛らしく、とりわけ子どもには好かれる小鳥です。そんなスズメの名前がついた菓子が倉敷市にある橘香堂《きっこうどう》のむらすゞめです。むらすゞめの形は豊年踊りの編み笠をイメージしていて、黄色い皮は稲穂を表しています。真横から見ると漢数字の一に見えることから名付けられた一文字という四十センチ×七十センチぐらいの厚めの鉄板に生地をひろげ、そこへ粒あんを置いて焼いて作ります。

大原美術館に近い本店では、むらすゞめを実際に作ることもできます。小さなおたまで生地をすくって鉄板に流して、おたまの裏で丸くするのですが、そこがどうもうまくいかない。職人は簡単そうにやっていますが、実際にやってみるとなかなかできないものです。

さてスズメの捕獲ですが、こういう他愛もない遊び心は小さな子どもに伝えていきたいものです。万が一にもスズメが酔っぱらって米粒を枕にすやすや眠りでもしたら、それを見た子どもはきっと心の優しいひとになってくれそうな気がします。

小春日和の陽だまりは、まるで水彩画のように柔らかで幸せな風景です。

●橘香堂
〒710-0055 岡山県倉敷市阿知2-19-28
電話 086-422-5585
http://kikkodo.com/

2

うぐいす餅の変節

滋賀県彦根市

年が明け、寒さの一月二月をやり過ごすにはどうすればいいのでしょうか。庭で竹刀《しない》を千回素振りする。雪国の温泉で酒を飲む。南国の海に潜って熱帯魚を眺める。天体望遠鏡を買ってオリオン座を見る。大声を出して笑うか怒る。京都で寺参りしながら甘酒やぜんざいを食べる。うーん、どれも妙案にはほど遠い。じっと花の弥生三月がくるのを待つことにしますか。

この季節の楽しみは、和菓子屋のショーケースにひと足もふた足も早く春の気配いっぱいの菓子が並ぶことです。普通の町の普通のまんじゅう屋の陳列ケースには、うぐいす餅が「このかわいい私を食べるのはおやめになって」と口先をとがらせながらも、客が来るのを待っています。こしあんを求肥で包み、うぐいすの形に見立てて先端を指先でキュッとつまんで、その上に青大豆のきな粉を振りかけてあるから、色はまさにうぐいす色。

うぐいす餅を食べたことがあるという人が少ないのは、うぐいす餅が店に並ぶ時期が極端に短いからです。一月半ばからせいぜい二月いっぱいで、今度買おうと思っているうちに、気がつくと季節のまんじゅうが桜餅とか柏餅に変わっています。

うぐいす餅は見た目のよさもさることながら、舌触りが勝負です。柔らかな求肥を楽しみましょう。振りかけてある粉は熟しても青いままの青大豆の粉を煎って作るきな粉ですが、近頃は店によってバリエーションがあります。きな粉の代わりに抹茶を使ってあったり、青海苔がかかっていてかすかに磯の香りがするうぐいす餅もあります。京都の鶴屋吉信では、うぐいす餅の販売時に「当店のうぐいす餅はきな粉ではなく青海苔をかけてあります」とお断りが入っているのです。

彦根の銘菓埋《うも》れ木で有名な店・いと重のうぐいす餅は、きな粉と青海苔がミックスしてあって、求肥生地もうぐいす色に染めてあります。これは色も香りもほどよくて満足するでしょう。

●いと重
〒522-0064 滋賀県彦根市本町1-3-37
電話 0749-22-6003
http://www.itojyu.com/

3

ぼた餅と蕪村

与謝蕪村には不思議な句がいくつかあります。

宿かせと刀投げ出す吹雪哉

浪人者と思われる武士が夜道で吹雪にあって、どうにも困り果てたところに農家の明かりが見えた。粗末な引き戸をがらりと開けて、上がり框に刀を放り投げ「今夜泊めろ」とすごんでいる句です。もう一句。

御手打《おてうち》の夫婦《めをと》なりしを更衣《ころもがえ》

武家勤めの男と女がわりない仲になったが、主人の温情で手うちにならずに生き永らえ、今日衣替えができる。衣にうれし涙の染みがついたが、そのままにしておこう、なんて情景が浮かびます。それにしても夫婦で手うちになるという切羽詰まった状況まで蕪村は俳句の題材として選んでいるのです。

その蕪村にこんな句があります。

命婦《みょうぶ》よりぼた餅たばす彼岸《ひがん》哉

親戚に宮中の女官がいて、女官が里帰りしたときに持ってきてくれたぼた餅はさすがにおいしかった、という意味の句です。

ぼた餅はいまでは庶民の食べ物ですから、宮中の女官たちが、ぼた餅を食べる姿は想像しにくいものです。ですが、この句は宮中にまつわる話です。つまり砂糖がふんだんに使える宮中だからこそ成り立つ話なのです。こうなると、話は思わぬほうに展開します。

「棚からぼた餅」ということわざも、そんな貴重なぼた餅を庶民が棚の上に放置することなどないはずです。それが何かの拍子に落ちてきて大口開いているとそこへすぽっと入ったなんてありえなさすぎます。ぼた餅はたいへんな貴重品でした。宮中の女官みたいに思いもかけないところからいただくのがぼた餅です。

つまりタナはタナでも店《たな》の意味のタナです。大きな店の出入り職人が、店で何かの行事があって、ぼた餅をもらって家に帰ったから、家族は思わぬぼた餅に大喜びしたのです。店からぼた餅が正解です。

それともう一つ。春の彼岸に食べるのがぼた餅で、秋の彼岸はおはぎと呼ぶのは、ぼた餅は牡丹の花に似ているし、おはぎは萩の花に似ているからという説がモノの本にあるのは大きな間違いです。花の王様だから花王ともいわれる華麗な牡丹の花と、ぼたっとしたお餅のどこが似ているでしょうか。

では、ぼたとは何でしょうか。見たとおり、ぼたっとしているからぼた餅です。女官の間では、あまり美しくない女官のことを「ぼた」と呼んでいました。しかし、そんなことはどうでもいいことです。食べ物の語源や由緒・来歴、歴史で食べては、自分の舌が貧しくなるばかりですから。

4

長命寺桜餅と道明寺桜餅

春のさざめきが弥生の花に酔い始めると、花便りが「つぼみかたし」から「つぼみふくらむ」へと滑るように進んでいきます。

この時期に「桜餅を買ってきてください」と頼まれたら気をつけなければいけません。

「私がお願いしたかった桜餅はこういう関西風の道明寺桜餅ではないのです。だってそうじゃありませんか。これを黒文字でいただこうとすると、お餅の粘り気がやっかいでじょうずに切れませんでしょ」

「黒文字っていい香りがする大きめの爪楊枝のことですか？」

「そうです。その黒文字で道明寺桜餅を半分とか四分の一とかに切り分けることは至難の業です。お茶席の桜餅は切り分けやすい関東の長命寺桜餅でなきゃいけないんです。まさか東京生まれ東京育ちのあなたが、東京の百貨店で道明寺桜餅を買ってくるとは思いませんでした」

というやりとりになるのです。

二つの桜餅は塩漬けした桜の葉で餅をくるんであることと、あんこが基本的にこしあんであることは同じですが、包んである皮が違います。道明寺桜餅は餅粉を粒々にして作った道明寺粉を使いますが、長命寺桜餅は小麦粉または米粉を蒸してクレープのようにして鉄板で加熱します。焦げ目はつけませんが、鉄板の上で作るのです。味も舌触りも別物といっていいほど違います。

食べるときに葉も一緒に食べるかどうかというのはどちらの桜餅でも話題になりますが、私はむいて食べてほしいと思っています。インターネット上で長命寺桜餅のことを調べると、桜餅は隅田川沿いで食べるのだから「川を向いて食べるべし」、すなわち「皮をむいて食べるべし」という滑稽話が披露されています。しかし、皮は絶対にむいて食べるべし。でないと、ほのかな桜の葉の香りと道明寺の絶妙の相性が消えてしまうからです。

枝葉末節にこだわるのはいやなのですが、「桜のお花ってこんなに匂いましたっけ?」という人がいます。もちろん桜の花に香りはありません。葉の香りです。

道明寺桜餅も長命寺桜餅も餅をほのかな薄紅色にして、いかにもこれが桜の香りといえる清潔感がある匂いを付けることに成功しているのです。日本文化のすばらしいところは、発意し試みたことを改良し続ける文化的な根気強さにあると思います。つまり桜餅の絶対的優位は、桜の葉を塩漬けすることで葉のなかに含まれている香りの成分を引き出したことにあります。香りだけではなく葉の塩味が餅にも移って、おいしさを二重に引き出しているのです。

5

季語にあるおとし文

東京・銀座

「落とし文」という言葉が俳句の夏の季語にあります。「時鳥《ほととぎす》のおとし文」も同じ内容の季語です。

初夏にくるくると巻かれた葉が道端に落ちているのを見かけることがありますが、それはその葉のなかに昆虫が卵を産みつけて、葉を切って落としたもの。この虫のことをオトシブミといいます。平安貴族が恋文をわざと道に落として相手に気づいてもらおうとしたことにちなんだ名前です。和菓子は季節の移ろいに敏感ですから、初夏には落とし文という銘の菓子が茶会でよく使われます。若葉色の練り切りをくるりと巻いて、竹べらで葉脈をつけてあります。

ちょうど時鳥が来る季節と巻いた葉っぱが見つかるのが同じ初夏のころなので、時鳥がこれを落としているのかもしれないという想像から「時鳥のおとし文」ともいうそうです。年間でいちばん夜明けが早い時期にテッペンカケタカ、テッペンカケタカと鳴く時鳥の声を耳にすることがありますが、あの声

は間違いなく夏の訪れを知らせる声なのです。

拾われもせで　落し文　雨の下
落し文　書いて消しては　白む夜
待てしばし　まだ月もあり　時鳥
ほととぎす　触れる肌なき　空ねかな

通常の落とし文は練り切りですから味の差はほとんどありませんが、名前は同じおとし文でも、銀座清月堂本店のおとし文はひと味もふた味も違います。清月堂のおとし文はくるくる巻いた形ではなく、小さな釣鐘のような半球形です。色は外側が薄紫の小豆色で、なかは卵の黄身の色です。なんでも黄味あんは「卵を一度ゆでてから黄身を裏ごしし餡と練り、徳島産和三盆糖を加えてコクと香りと上品な甘さを引き出した」そうです。そしてまわりのこしあんには微妙なひび割れ模様が施してあります。食べてみると驚くほどにやさしく口のなかで溶けます。

京菓子の「落し文」は巻紙にしたためた恋心を表していて明るく伸びやかですが、清月堂のおとし文には切なさが感じられます。店の説明には「むかし、身分の違うお武家様に恋をした女性がかなわぬ想いを恋文にしたためたのですが、渡す決心がつかないまま、丸めて川に流してしまったというお話があります。上品な甘さと、ほろほろとしたはかない口溶けにその想いを重ねたのが、当店代表銘菓おとし文でございます」とあります。切ない恋心を表したお菓子を、ゆっくり味わってみてください。

●清月堂本店
〒104-0061 東京都中央区銀座7-16-15
電話 03-3541-5588
http://www.seigetsudo-honten.co.jp/

6

万葉仮名で爾比久良

東京・大泉学園

爾比久良《にいくら》。東京都練馬区に本店がある大吾《だいご》の銘菓です。白い箱の蓋を開けると「献上品　武蔵野銘菓　登録商標　爾比久良《にいくら》」と書かれた栞《しおり》が入っていて「武蔵野の面影を今に残す当地の古《いにしえ》の呼称」と説明されています。店の住所が練馬区大泉学園町で、そのあたりが昔は新倉村であり、新倉を万葉仮名表記して爾比久良になったのでしょう。

爾比久良は高さ三センチ、縦横が六センチの直方体という和菓子には珍しい形をしていて、持つとズシッと重さを感じます。

そしていよいよ食べるのですが、ガブリとかじるような菓子ではありません。包み紙の指示どおりに対角線で四つに切り分けて、まずはじっくり眺めてください。断面が三層に分かれています。表面は黄味時雨を固めたものです。斜めに切ったなかにはこしあんに包まれた栗が入っているという手の込んだ

もので、食べるまで味の想像がつきません。

さていただいてみましょう。外側の黄味時雨は厳選された卵の黄身と白あんを練り合わせたもので、店での呼び方は黄《き》味《み》羽《は》二重《ぶたえ》時雨《しぐれ》餡《あん》となっています。羽二重の名のようにきめ細かで、時雨のようにひそやかで、口のなかでゆらりゆらゆらと溶けていきます。しっかり固められていながら、溶けのよさが印象的です。黄味あんは卵黄が主張しすぎると上品さを失いがちですが、爾比久良は抑制されたおいしさです。

そして大粒の栗と黄味あんを媒介するこしあんが洗練された甘さで、栗と黄味あんの味を引き立てます。デリケートで複雑な味わいは爾比久良ならではのものでしょう。

さて和菓子は抹茶か緑茶でいただくのが王道ですが、爾比久良に限ってはカモミールティーやレモンバームティーなどのハーブティーでいただくという方法も捨てがたい。なお爾比久良は大きいので食べ残す心配があれば冷凍してください。解凍は自然解凍で五分か十分でできます。

これで爾比久良のお話はおしまいですが、万葉仮名の菓銘などという珍しいお菓子に出合ったので、和菓子関連の漢字のおさらいをしておきましょう。読めても書けない言葉がいっぱいあります。饅頭《まんじゅう》、羊羹《ようかん》、最中《もなか》、金鍔《きんつば》、葛餅《くずもち》、鶯餅《うぐいすもち》、求肥《ぎゅうひ》、粽《ちまき》、心太《ところてん》、外郎《ういろう》。

●大吾
〒178-0061 東京都練馬区大泉学園町6-28-40
電話 03-5947-3880
http://www.wagashi-daigo.co.jp/html/niikura.html

7

澤田屋のくろ玉

山梨県甲府市

まんじゅうのあんこは小豆で作ります。粒あんもこしあんも同じく小豆を原料としています。白あんは白いんげん豆が原料です。そのほかによく知られているあんこの原料としては、東北地方を中心に枝豆で作られるずんだあんがあります。岐阜県には、そら豆あんを使って、みょうがの葉っぱで包むみょうがぼちというまんじゅうもあります。

甲府の名産であるくろ玉のあんは、えんどう豆からできています。

小豆以外の豆類から作るあんことまんじゅうは総じて野趣があり鄙《ひな》びた感じがするものですが、澤田屋のくろ玉はあんこの趣とできあがりの姿にイメージの隔たりがあります。えんどう豆のあんこを小さな球にして、そのまわりを黒糖羊羹で包んで仕上げることで気品がある銘菓に変身するのです。

同じような和菓子が京都にあります。一八〇三年創業の亀屋良長《よしなが》の烏羽玉《うばたま》と仙太郎の老玉《うばたま》です。丸く

て黒くてピカピカ光っているのが共通点ですが、両店ともあんこが上質のこしあんなので、まわりの寒天もしくは羊羹と一体化して口のなかでとろりと溶けてしまいます。澤田屋のくろ玉はこの点に差が出ます。

えんどう豆のあんこはしっかり自己主張していて、まわりの黒糖羊羹と互角に戦っているのです。小さいながらも存在感があるおいしさです。

「甘くない」「甘すぎない」が和菓子のいちばんの売り文句になっているいまのご時世で、しっかり甘さに豊かさがある。くろ玉は肚《はら》が据わっているのです。

それもそのはず、くろ玉のパッケージは武田信玄の軍装と同じく赤色が基調で、箱には「疾如風、徐如林、侵掠如火、不動如山（疾《と》きこと風の如く、徐《しず》かなること林の如し、侵掠《しんりゃく》すること火の如く、動かざること山の如し）」の武田信玄の旗印が書かれています。

くろ玉は一つひとつに魂がこもっている感じがする和菓子です。

●澤田屋
〒400-0813 山梨県甲府市向町375
電話 055-235-5545
http://www.kurodama.co.jp/

8

八百源の肉桂餅

大阪府堺市

肉桂《にっき》が苦手という方がけっこういます。私はサツマイモの形をした、にっき味の焼きまんじゅうを筆頭に、京都の八ツ橋を発展させたおたべなどのあんこ入り生八ツ橋やにっき飴、シナモンの香り豊かなアップルパイ、熱いカプチーノにいたるまで、にっきの味と香りがするお菓子や食べ物が大好きです。

大阪・堺市にある八百源の肉桂餅が評判がいいので取り寄せてみました。柔らかい求肥に練り込まれたにっきは餅と一体化して舌の上でとろけながら、鼻の粘膜に心地よい刺激を与えてくれました。求肥が柔らかい一方、あんこは想像していたよりも煮詰めてあり甘すぎるぐらいですが、にっきの香りが強いので、これでバランスが取れるのでしょう。

最初は皮だけで食べて、その後、あんこだけを食べて、それから一緒に楽しむという私がよくやる方法だと、八百源の肉桂餅はにっき入り求肥のパワーが強すぎてクラッときてしまいます。皮もあんこも

一緒に食べてこそ本来のおいしさがわかるというものです。
二つ三つ丸かじりしてから、いちばんじょうずに味を楽しむ方法を見つけました。
肉桂餅をお皿に取り、普通の楊枝（黒文字だと香りが混じります）かフォークで四つに切ります。そうすると切り分けたときにあんこと求肥が自然と混じり合い、とても満足のいく味になります。
港町、商業の町、茶の湯の町として栄えてきた堺。堺の肉桂餅は利休好みの茶色、あるいはセピア色の、口にする前から歴史と文化の匂うすばらしいまんじゅうです。

●八百源来弘堂本店
〒590-0943 大阪府堺市堺区車之町東2-1-11
電話 072-232-3835
http://yaogen.shop-pro.jp/

9

菊壽堂の高麗餅

大阪・北浜

目に鮮やかな餅です。大阪のビジネス街……というよりは江戸時代から商売人の町として栄えてきた北浜、高麗橋《こうらい》、道修町の一角に菊壽堂はあります。この店のいちばん人気が高麗餅です。キョロキョロと店を探しながら通りを歩いてきてもうっかり見過ごしてしまうような、小さくて地味な店構えです。あらかじめ地図を印刷するなりして訪問するのが賢明です。

看板がないので、この店でいいのかとためらいながら引き戸を開けて「こんにちは」と声をかけると、律儀そうな主人が出てきました。「ここでいただきたいのですが」「何にしましょう」「高麗餅をお願いします」「はい、すぐに作りますからちょっとお待ちください」と奥に引っ込んでお茶を出して、もう一度奥へ……。

四人掛けのテーブルが三つ。商品が陳列されている横には、電動自転車がありました。その脇には材料の段ボール箱が四つ五つ。客席スペースと奥の仕事場の狭い場所には福知山産の丹波大納言小豆の袋が置いてあります。とにかく飾らずさっぱりしている店です。

待つこと二、三分。さあ来ました。大阪人には見えないシュッとした主人が「お待たせしました。ごゆっくりどうぞ」と、塗りのお皿にのせた高麗餅をテーブルの上に静かに置いてくれました。

ほんの十数秒、目で食べました。手前に粒あん。向こう側にこしあん。右側にゴマあん。左側に白あん。そして四つの餅の上に色鮮やかな抹茶あんの餅が君臨しています。さすがに何代も続く上生菓子店がなさることは、納まりがいい。この五種類がセットになっています。

お皿をぐるっと回して、こしあんからいただきます。長めの塗りの竹製のフォークで半分に切り分けて口に入れます。うん、おいしい。続いてもう一度回転させて粒あん。これもすこぶるおいしい。次に上にのっている抹茶あんをおろして、風味が強いゴマあんを食べて白あんに向かう。ここでちょっとした疑問。白あんがとてもソフトなのです。普通、白あんは手亡豆（白いんげん豆）で作りますが、それではいい意味でも悪い意味でも豆の風味が残って、舌触りが滑らかではありません。ところが、菊壽堂の高麗餅に使われている白あんは口のなかでまったく抵抗感なしにとろけてしまうのです。

製法上の秘密があるのか原料が違うのか私にはわかりませんが、それを聞くのは、いつかもう一度訪れるときの楽しみにとっておきます。

私が食べ始めて間もなく女性客が一人入ってきて、高麗餅を頼んで食べ始めました。私が食べ終わるころにはさらに四人の女性客が来店し、持ち帰りを頼んでいました。

小ぶりの高麗餅五個入りの箱を買って店を出ました。秋風がさわやかで心地がいい午後でした。

●菊壽堂義信
〒541-0043 大阪府大阪市中央区高麗橋2-3-1
電話 06-6231-3814

第6章

進化するまんじゅう、不思議まんじゅう

1

茜丸の五色どらやき

大阪・四天王寺

茜丸の五色どらやきのあんこには金時豆、虎豆、うぐいす豆、白小豆、小豆という五種類の豆が姿形を残したまま入っています。大きさも色も模様も違っていて、甘納豆よりもほんわかと柔らかで、その舌触りを楽しむというプラスアルファがあります。単純なこしあんや粒あんだけではない、面白いどらやきです。あんこたちが口のなか、舌の上で手を取り合って喜んでいるような、楽しいどらやきなのです。

そして皮。近頃は蜂蜜を多用して口溶けをよくする方法が多くの店で採用されているのですが、茜丸の皮はそうではなく、ごく自然にあんこと一緒にのどまで滑っていきます。

さらにどらやきが入っている袋。五種類の豆のイラストが描いてあって何ともかわいらしい。茜丸のどらやきには、小さな工夫と思いつきがいい感じにミックスされているのです。

茜丸本舗は一九四〇年（昭和十五年）に製餡所として創業した会社なので、あんこの原料である豆に特別なノウハウとアイデアをもっていることには驚きませんが、二〇一五年の六月にラムネあんのどらやきという常人の想像力をはるかに超えた新製品を発売して大人気になっています。現在は本店だけの夏季限定販売のようですが、お取り寄せなら通年可能です。

上町台地という大阪市内の高台に四天王寺があります。風致地区、文教地区に指定されていて、近くの心斎橋や道頓堀、阿倍野とは別の町かと思えるほどの閑静な地域です。四天王寺前夕陽ケ丘といういかにもそれらしい名前の駅で地下鉄を降り、町の雰囲気を味わいながら四天王寺の五重塔や本堂を眺め

ながら南門を過ぎたあたりに茜丸本舗があります。

買いました。店内で食べられるようにベンチがありました。ガブリと三分の一を一気に食べました。

なかを見るとサンゴ礁が広がっているではありませんか。まさにラグーンです。透き通ったマリンブルーの上に、サンゴ礁の白い砂浜に寄せる白い波のしぶきがさざめいている。あんこなのにラムネ色。とてつもないインパクトです。

クエン酸が酸味を醸し出しているからちゃんとラムネテイストになっています。何やらプチプチした感触もあって楽しい。ラムネのさわやかさが続いていたら、最後に白いんげん豆の豊かな味が漂う絶品。冷やしてこそおいしいどらやきです。

四天王寺を建立した聖徳太子でも、このアイデアは浮かびますまい。進化が止まらない茜丸本舗への提案として、ぜひともハワイ店を開設してほしい。ジャパニーズ・ビーンズスイーツ・パンケーキ「ドリーミング・ラグーン」とでも名付けてはいかがでしょう。

●茜丸本舗
〒543-0052 大阪府大阪市天王寺区大道2-13-15
電話 0120-506-108
http://www.akanemaru.co.jp/

2

翠江堂の苺大福

東京・新川

隅田川、永代橋、八丁堀という地名から若い女性たちはどんなことをイメージするでしょうか。高齢の方なら花火、歌舞伎、相撲、時代劇など日本の伝統文化が思い浮かぶかも。少し歩けば佃煮の佃島、さらにはもんじゃ焼きの月島です。下町はここから始まってここに尽きるともいえるでしょう。

東京都中央区新川にある翠江堂《すいこうどう》は隅田川の水が翠《みどり》に澄んでいたころに創業しました。翠江堂にはかわいいまんじゅうが何種類もあって、一月と二月に登場する「雪うさぎ」は赤い目と耳があしらわれているかわいい薯蕷まんじゅうです。バレンタインデーにはハートマークの練り切り、ハロウィーンにはかぼちゃの形のまんじゅうも登場します。桜のころには「道明寺」、鮎の季節には釣り人が使うびくの形をした練り切りの「びく」、まん丸で黄色いのが「いその月」。はかなげに見えるまんじゅうは「そがの里」、梅林で有名な曾我の里をイメージしていて青梅の甘露煮が透けて見えるようです。春夏秋冬、季節の花と果物がいつもまんじゅうの姿になって、ショーケースのなかで客に会いたがっています。

この店のいちばんの名品は「苺大福」です。外の餅は少し甘みがあってふわふわ。なかのこしあんは上質で舌触りがよく、のどを通るときにはすっと溶けて、甘さがほどよくコントロールされています。そして真ん中にとてもおいしい大粒の一級品のいちごが入っていますが、いちごが少し小さめのときは二個入っているので大福全体が細長くなっています。翠江堂の苺大福は甘酸っぱさと甘さがマッチした気品が漂う大福なのです。

いちご大福が全国に広がったのは一九八〇年代のなかごろとされていますが、加工しないいちごを大福に包むのを昔気質の職人がよしとせず、かたくなに作らなかった店もありました。まんじゅう作りの禁じ手という気持ちがあったのもわかります。その証拠に、格式が高い老舗和菓子屋はいまでも販売していません。

翠江堂をはじめ、いちご大福の店は、それぞれに工夫と進化を重ねていちご大福を春の定番菓子の座にまで引き上げました。当初はこしあんが主流でしたが、いまではいちごの色を際立たせるために白あんを使う店や、白あんをほんのり紅く染めてみたり、粒あんを使う店もあります。

いちご大福を最初に考案したのが誰かは確たる答えが出ていないのですが、私はいちごを入れた大福は、草大福や豆大福の進化形ではなく、むしろいちごのショートケーキの突然変異ではないかと思っています。洋菓子の職人は果物の扱いに慣れていますが、和菓子職人は栗と柿以外の材料はほとんど使っていません。豆大福を包むのにさほど繊細な技術は必要ないけれど、いちご大福はかなり気を使って作らないと難しい。それに甘さと酸味のバランス、柔らかさも身上ですから、ここはショートケーキの技法に近い気がします。

さらに客のリアクションが重要です。女性は、可憐で彩り豊かな菓子を「まあかわいい」と言います。「かわいい」という言葉は年齢を問わず女性が使う褒め言葉ですが、少し年齢層が高くなると「なんて上品なんでしょう」が最上級の褒め言葉になります。

でもいちご大福といちごショートケーキは華美な装飾も不要だし、かわいさも求められません。「まあなんておいしいんでしょ」というひと言を引き出すのがカギになります。

「ワーオゥ」「やだー、なあにこれぇ」「やばい」「これ、神ぃ」などと新しい褒め言葉の洪水に負けないように、これからもさまざまに進化を遂げていくでしょう。

いちご大福は普通いちごの季節が限られているので年中食べるわけにはいきませんが、翠江堂ではいちごの生産地を確保して、現在は通年販売をおこなっています。ファンにはうれしいかぎりです。

さていちご大福はともかくとして、東京三大大福なるものが存在するそうですが、たかが大福、どんなに高くても二百五十円です。ランク付けごっこはやめにしませんか？　買ったものが自分の口に合わなくても文句言いっこなし。私はどこそこの大福が好きですが、あなたはどこの店の大福がお好きですか？　豆大福の豆は塩辛いのとそうでないのとどちらが好きですか？　というぐらいでやめておきましょう。ランク付けは思わぬ不幸を招くものだから。

それにしても翠江堂の苺大福はおいしい。

●御菓子司翠江堂
〒104-0033 東京都中央区新川2-17-13
電話 03-3551-5728
http://www.suikoudou.jp/

3

楽庵老木やのＥ・あんばい餅

名古屋市大曾根

楽庵老木《らくあんろうき》やの人気ナンバーワン商品は、菓銘にアルファベットが入っているＥ・あんばい餅です。料理の味加減を整えることを「あんばいをみる」といいますが、それが菓銘になっています。老木やオリジナルのおはぎですが、見た目も味もかなり複雑です。

一般的におはぎはもち米とうるち米を適当に混ぜて蒸し上げ、軽くついて丸め、それに小豆あんをまぶして食べます。

老木やのＥ・あんばい餅は形が不思議です。長さ約六センチ、高さ三センチ、幅二センチ、底の幅二センチほどの半円筒形。江戸時代の枕、貨物列車で運ばれるタンク、トンネルの内部のような形状で、両端の断面から粒あんと餅とその上にまぶしてあるきな粉と黒ゴマの粉が判別できます。

柔らかなあんばい餅を私は上等の白い竹の箸でいただきます。お茶は香りが高い焙じ茶。抹茶をたてて黒文字でいただくとか、もっと斬新にアールグレーの紅茶と銀のフォークでとも思いますが、やはり王道でいきましょう。

きな粉とゴマの香りを楽しんでから、店主自慢の小豆の風味をいただきます。なんでも塩麴で味を調えてあるとかで、深みのある味です。

店主が一人で作っているので売り切れることが多く、電話で予約しておくのが賢明です。

このE・あんばい餅という斬新な名前の菓子を作った店主・小木曾進さんの店は、以前は若木屋という屋号でしたが、いまは老木やに変わっています。還暦も古希も喜寿も超えている、年季が入った職人である小木曾さんは店の名前を若木から老木に変えて、すまし顔。変化を嫌う人が多い世の中で、年齢を重ねれば新しいことはしたくない、平々凡々と過ごしていきたいと考えるのが人の世の常です。しかし、老木やの店主はひとところに留まることが嫌いなようで、年齢に関係なく前だけを向いて歩いているのです。私はこういうところにこそ、本来の職人気質を見る思いです。自分の現状に満足することなく、何か新しいことをやってみたい、もう少し工夫をしてみたい、という人こそ職人のなかの職人だと思います。小木曾さんには職人ならではの進歩性を感じます。自分の店の名前を晩年になってから変えようとは、凡百の老人がおよびもつかないみごとな決断でしょう。

老木やの職人がどれほど和菓子作りが好きで、どれほど新しいこ

とをやってきたかを証明する和菓子があります。彼は塩漬けの桜の葉でくるんだごくありふれた道明寺桜餅を、とんでもないものにしてしまいました。ワイン漬けのサクランボ一粒を白小豆あんのなかにしのばせてあるのです。感動的な味がします。老木やの桜餅には革命的といえるほどの離れ業が使われています。

次は何を作ろうか、今度はどこをどう変えようかと考えるのが楽しくて仕方がないのでしょう。それは同時に、店主が長年培ってきた菓子作りへの自信の裏返しといえます。

小木曾さんの言葉を引用します。

私は和菓子の味に、深みのある風味とアッサリとした甘みを追い求めて参りました。その結果、小豆粒あんは丹波大納言小豆を、白粒あんは備中白小豆を、小豆こしあんは北海道十勝産小豆を使い、砂糖は白双糖を、一部商品には氷砂糖を使っております。（「おやじの独り言」「楽庵老木や」〔http://www.wakagiya.com/hitorigoto.html〕）

つまり和菓子の決め手のすべてといってもいい小豆と砂糖に、とことん上質のものを使っているのです。だから、細工や仕上げ段階で多少の冒険をしても根本の味は揺るぎません。

もう一つ。老木やの人気商品であり究極の味が楽しめるお菓子があります。「冷し小豆」です。丹波大納言小豆をふっくらと炊き上げて氷砂糖で甘みをつけた、アッサリとした甘みのぜいたくな茹で小豆です。一袋（五十グラム）が二百七十円だから和菓子の値段としてはかなり高価ですが、これが絶妙のおいしさです。買い求めて自分で工夫をすれば、冷やしぜんざいにでもあんみつにでも応用することができます。私としては「冷し小豆」に入れるのは白玉団子だけにとどめたい。余計なものを入れるほど、おいしさの焦点がぼけてしまいそうに思えるからです。

この店はメディアやインターネットでも取り上げられています。私がこの店を知ったいきさつを最後に紹介します。

ある夜のこと。行きつけの回らない寿司屋でノンアルコールビールを飲みながら寿司をつまんでいると、寿司屋の大将が客として来ていた幼なじみらしい和菓子屋の主人と昔話をしていました。聞くともなく聞いていると、「名古屋でまともな菓子職人は大曾根の誰々さんしかいなくなってしまった」と言っているのが耳に入りました。まんじゅう好きの私はその店名を知らないのはマズイと記憶に留めました。あとで寿司屋の大将に確かめると、その友人は超有名店の店主で、職人としての腕もピカイチだということです。名人が知る名人だから間違いはありません。後日、老木やでこのエピソードを紹介したところ、名古屋最後の和菓子名人は少し照れた笑顔を見せました。

●楽庵老木や
〒462-0825 愛知県名古屋市北区大曾根2-8-24
電話 052-911-3388
http://www.wakagiya.com/

4

圓八のあんころ

石川県白山市

　JR北陸線松任《まっとう》駅のプラットホームで「あんころ〜あんころ〜」と売り子が大声を上げて走り回っていたのは、もう何十年も前の旧国鉄時代のことです。立ち売りの売り子から駅弁を買ったりあんころを買ったりしたのは、旅情豊かな北陸線の懐かしい思い出です。

　短い停車時間に売るほうも買うほうも必死です。客は列車の窓を開けて身を乗り出し、大声で「おーい、こっちやこっちや」と叫び、売り子は「はいはーい、すぐ行きます」と発車のベルが鳴り列車が動きだしても、列車と一緒に走りながら品物と代金のやりとりをしていたものです。それほど松任駅の圓《えん》八《ぱち》のあんころはおいしかったのです。

　しかし、北陸線のすべての電車の窓は手で開けることができなくなって、一九九七年一月三十一日を最後にプラットフォームでの立ち売りはなくなりました。それでも、圓八のあんころは松任駅や小松駅、金沢駅のキオスクで買えるし、国道沿いの立派な本店をはじめいくつかある店舗で買うことができます。

圓八のあんころには面白い特徴があります。二十四個入りのあんころを買うとパッケージのなかでひと粒ずつが独立してもとの姿を保っていてとても食べやすいのですが、九個入りを買うと信じられないくらい楽しいことが起きます。いまどき珍しく竹の皮に包まれている九個入りのあんころは、ぺちゃんこになってしまって、いくつ入っているのやら、境目がどこなのやら、まるでわからない。添えられている楊枝でエイッと切り離して食べるのです。野趣というより無秩序に近い包装なのですが、それが楽しい。通信販売のサイトには「竹皮で包むため、本品はつぶれた状態になります」と断り書きがついています。

さて石川県・松任にある圓八のあんころについて、どうしても述べておきたいことがあります。私の生家は米原駅の鉄道弘済会にあんころを納入していたのですが、米原駅は北陸線と東海道線の分岐点であるため、松任のあんころと米原のあんころは北陸線上でのあんころライバル関係でした。

研究熱心な父母は北陸へ旅行に行くと必ず松任のあんころを買ってきて、二人であんこと餅を別々にして食べていたものです。当時は現代のように食品に成分表示義務がなかったので、他社の餅の柔らかさとか日持ちの理由が気になったのでしょう。もちろん伊勢の赤福も研究対象でしたが、赤福についてはいつも「わからん。わからん」と柔らかさの秘密を解明できなかったようです。

私も何回も松任のあんころを食べた記憶があります。再三本書で触れてきたように、私はあんことまんじゅうについて自分の舌にかなりの自信をもっていますが、圓八のあんころは明らかに進化しています。当時より確実においしくなっているのです。

圓八の公式ウェブサイトには製法が掲載されています。もちろん企業秘密までは明らかにされていないので、想像するしかありません。「その日のうちにお召し上がりください」という注意書きと、取り寄せの場合は「マイナス四〇度で瞬時に冷凍した」ものを送っていることを合わせて考えると、保存料をまったく使っていないのは明らかですから、ここにもおいしさの秘密があると思われます。砂糖の糖分も餅の糖質も零下四〇度まで下げればうまみを増すというのはよく知られていることで、冷凍したあんころがうまくなることは不思議な話ではありません。

もう一つはあんを仕上げるときに加えている砂糖液と成分表にある赤竹小豆、あんこの味に深みとコクを出しているのはこのあたりに秘密がありそうです。

昔の松任のあんころの味わいが残ったままでさらにおいしくなったのは、「一子相伝」だけではない新たな工夫が凝らされているからのように思えます。

●圓八
〒924-0023 石川県白山市成町107
電話 076-275-0018
http://www.enpachi.com/

5

播磨屋の塩味饅頭

兵庫県赤穂市

まんじゅう好きの知人に「あなたの好きなまんじゅうを教えて」と聞いたところ、間髪を容れず兵庫県赤穂市の塩味饅頭という答えが返ってきました。予想外の答えに驚いて、もう一度質問をしました。

「えっ、わざわざ塩味饅頭を選ぶのはどうしてなのかなぁ。もっと普通のまんじゅうを推薦すると思ったのになぁ」

「塩味饅頭は普通のまんじゅうですよ。白くて丸くて甘くて。饅頭の三要素がそろっているじゃないですか。どこからどう見ても赤穂の塩味饅頭はまんじゅうの原点でしょう」

「なるほど。白い丸い甘いが饅頭の三要素ですか。黒くて長い羊羹は、饅頭じゃないか。それはそれで納得できるが。でもその甘いという重要な要素から考えると塩味饅頭は相当かけ離れているでしょ」

「饅頭は頭で食うものじゃありません。とにかく赤穂へお行きになって自分で食べてみてください」

というわけで赤穂へ向かいました。赤穂駅から歩くには少し距離があるのでタクシーを使いました。塩味饅頭の元祖播磨屋の店構えには風情があります。名前こそ知ってはいましたが塩味饅頭を食べたことがないと話すと、若奥様が「おまんじゅうというより落雁に近いですかね。ぜひコーヒーと一緒にお召し上がりください」と満面の笑みで言われました。

なるほど小麦粉を練って作るのが基本のまんじゅうとは違って餅粉をいったん餅にしてから、もう一度粉にした寒梅粉でできているから落雁に近いが、落雁ほどは甘くない。塩味饅頭をフランス菓子のプチフールのように、コーヒーと一緒にいただくのはいいですね。砂糖の甘さを赤穂の塩がほどよく抑えているのが塩味饅頭の特徴でしょう。

ここからは筆者の空想になりますが、塩味饅頭にオレンジピールやドライジンジャーなどを少々加えると、バーボンウイスキーでも白ワインでも合いそうな気がしてきます。私の知人の饅頭の三要素である丸い、白い、甘いを壊すことなく、進化形ができそうに思えてくるのです。

●元祖播磨屋
〒678-0221 兵庫県赤穂市尾崎222
電話 079-42-2300
http://www.ganso-harimaya.com/

6

蜂蜜まん本舗の蜂蜜まん

三重県津市

三重県津市にある蜂蜜まん本舗の蜂蜜まんは、津市民が大好きなまんじゅうです。小麦粉ベースの生地には蜂蜜が練り込まれているので、香りがよくて甘い。半球形の回転焼きといえばいいでしょうか。食感はパリッとしているのになかはもちもち。

焼くのは回転焼きの道具を自動化したものでそれなりに大がかりな機械です。一度に三十個ぐらいは焼けそうです。

一個わずか六十円。店内にテーブル席と小さな座敷があって、十五人ぐらいが座って焼きたてを食べることができます。私が訪ねたのはウイークデーの二時ぐらいでしたが、先客が四人。私に続いて二人が入ってきて、二つずつ注文して食べていました。煎茶のサービスもあって、喫茶店でおしゃべりするよりも気軽に楽しめます。ほとんどの客は十個二十個三十個とみやげに買っていました。

この店の人気の秘密はどこにあるのでしょうか。駅の近くでも、繁華街の真ん中にあるわけでもないし、広い道路に面してはいるが駐車場もわずか三台分と、どちらかというと不便な立地なのです。当然その味のよさは基本ですが、それ以外にも何か秘密があるはずです。

私の答えは簡単です。まんじゅうを作っているところが見える、これがいいのです。しかもいつ行っても作っています。レストランや寿司屋や天ぷら屋でも「見える」ことは客には魅力です。

まんじゅう屋に入って、目の前でまんじゅう作りを見られる店はあまりない。これは相当大きな魅力だと思います。

●蜂蜜まん本舗
〒514-0027 三重県津市大門8-5
電話 059-228-3012

7

多賀やの糸切餅

滋賀県多賀町

美しい和菓子はこうあってほしい。

長さ三センチほどの白く平たい餅の上に薄紅色の線が一本、両側に空色の線が二本描かれている。食べる前にしばし眺めていたくなるような可憐な餅です。米粉を蒸して、ついて、のばして、なかにこしあんを入れてまたのばし、そこに赤と青に着色した餅を線状に貼り付け、ひと口サイズにのばしながら糸で切る。糸は三味線の糸。実に優雅で気品さえ漂っています。

延命長寿、厄除け、縁結び、家内安全、交通安全のご利益のある多賀大社。地元では「お多賀さん」と愛されている神社の門前にある三軒の店で作られているのが糸切餅です。餅とはいっても粘り気は少なくまろやかな甘さで、口のなかでとろけるような歯触り。実にけっこうな餅です。

さて私が多賀やの糸切餅を不思議なまんじゅうに分類したのは、三軒（ひしや、元祖莚寿《えんじゅ》堂本舗、総本家多賀や）ある糸切餅屋のうち、多賀やの包装紙がちょっと変わっているからです。糸切餅の三本線の由来にも関わるのですが、多賀やの包装紙には蒙古軍による元寇の絵が描かれています。包装紙の裏の文章からは「三本の線の入った蒙古軍の旗を戦利品として多賀大社に奉納した」ので、それにちなんで三本の線を入れているそうです。さらに糸で餅を切るのは、「刃物を使わない。すなわち平和裏に国を治める」ことを意味しているというのです。餅の箱の包装紙に元寇の戦いを描くという卓抜なアイデアに敬意を表して、多賀やの糸切餅を取り上げました。

別の由来もあるようです。『近江の和菓子』（井上由理子、〔別冊淡海文庫〕、サンライズ出版、二〇〇五年）では「江戸末期に病気平癒に多賀大社を訪れた相撲取りと芸者。無事に病も治ったが、持ち金が底をついた。そこで宿賃を工面するために、相撲取りが餅をつき、芸者がその餅を三味線の糸で切った」（一二五ページ）という説が披露されています。長谷川伸の戯曲『一本刀土俵入り』にも似たグッとくる話です。私には、こちらのほうが三本の糸にふさわしいようにも思えます。

多賀大社は国宝彦根城に近く、国宝重要文化財に数多く指定されている西明寺《さいみょうじ》、金剛輪寺、百済寺の湖東三山へ向かうルート上に位置します。日持ちがしない糸切餅は門前で食べるのがおすすめです。

●**多賀や**
〒522-0300 滋賀県犬上郡多賀町多賀601
電話 0749-48-1430
http://www.itokirimochi.co.jp/

8

寿司と和菓子の西河製菓店

東京・二子玉川

あのニコタマに、まんじゅう好きをうならせる店があります。間口は五メートルほど、陳列ケースが三段。看板には「和菓子・寿司 西河製菓店」とあります。看板に偽りはなく、上段にはいなり寿司や巻き寿司が並んでいて、その横に赤飯やのし餅。二段目と三段目にあん団子、みたらし団子、草団子、吹雪まんじゅう、茶まんじゅう、かぼちゃまんじゅう、桜餅、きんつば、どら焼き、あんころ餅、よもぎ餅、葛桜などがあって超人気の豆餅と豆大福は午後早くには売り切れるという店です。

進化を続けている東京・世田谷の二子玉川は、駅をはさんだ東側に楽天が本社を移転して街にさらにボリュームが出ました。西側には郊外型ショッピングセンターの先駆者、高島屋二子玉川S・Cが相変わらずオシャレに存在感を主張しています。高島屋S・Cの本館と南館の間を抜けて厚木街道の高架をくぐるあたりから少しずつ商店街の雰囲気が始まり、さらに進むと二子玉川商店街になり、昔ながらの

お店が軒を並べています。われらが西河製菓店はそのとっかかりにあります。
品数が多すぎてすべてを食べきれていませんが、私は餅菓子が気に入っています。

●西河製菓店
〒158-0094 東京都世田谷区玉川3-23-29
電話 03-3700-0179

9

志むらの九十九餅

東京・目白

本書の取材で全国の駅に降りました。広島、呉、萩、岡山、倉敷、赤穂、梅田、十三、日本橋、四天王寺前夕陽ケ丘、堺、串本、津、桑名、彦根、長浜、松任、郡上、八尾、長野、下諏訪、甲府、野沢温泉村、郡山、仙台、伊勢崎。そして東京都内では二子玉川、荻窪、巣鴨、銀座、八丁堀、亀戸、神楽坂、浅草など。それぞれの駅前にその場所特有の雰囲気がありました。

今回はJR山手線の目白駅です。改札口を出るとシュッとしたお母様に手を引かれたお利口そうな坊ちゃんとお嬢ちゃんが歩いています。若い人もにこやかに見えます。この駅は学習院大学、高等科、中等科そして幼稚園の最寄り駅なので、駅を出たところにある交番のおまわりさんの表情まで心なしか穏やかに見えます。

目白で目指すのは和菓子店で、甘味処でもある「志むら」です。近頃のかき氷ブームの最先端を走っているのが志むらの断崖絶壁かき氷とやらで、ナマのいちご、あんず、しるこ、ずんだ、宇治金時などがあり、二階の甘味処はいつも満員です。しかし私の目当ては九十九餅《つくも》。求肥のなかにほの甘い豆が入っていて、きな粉をまぶしてあります。……とこれだけのことなのですが、素材それぞれに特別な製法や特徴があるようです。まず求肥の製造過程で卵白を入れて白さと柔らかさをプラスすることはよくおこなわれていますが、黄味まで入れるのは珍しいかもしれません。これで求肥にコクが出ます。

つぎに、なかのとら豆についてインターネットの豆の専門サイトで調べたところ、いんげん豆の一種ですが高級品で白地に濃い黄褐色と淡い黄褐色の斑紋が入っています。その模様の入り具合が虎に似ていることから、とら豆と呼ばれます。とら豆は、煮たときに「豆自体の甘さ」と「後味のよさ」があるため、すっきりとした味になるとありました。

最後に、きな粉。栗きな粉と表示されていますが、栗は入っていません。栗粉のようなきめの細かいきな粉と理解すればいいでしょう。きめが細かいので、むせることはありません。職人芸のようなできあがりの九十九餅。百個は食べすぎですが、九十九個ぐらいはいけてしまいます。

おっと、この話と学習院とは何の関係もなさそうですね。

●志むら
〒171-0031 東京都豊島区目白3-13-3
電話 03-3953-3388

10

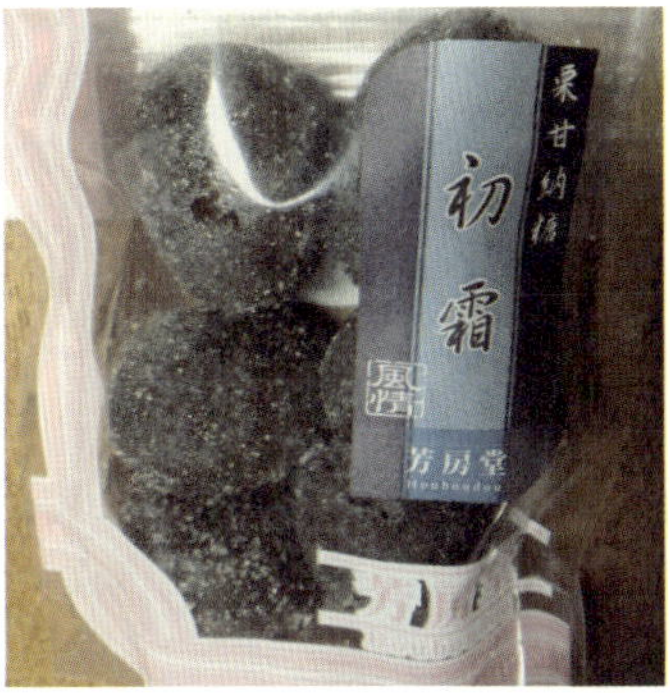

芳房堂の栗甘納糖初霜風情

群馬県高崎市

まんじゅうの本で甘納豆を紹介するのはいささか方向がぶれるようですが、高崎・芳房堂の栗甘納糖はとてもおいしいのであえて紹介します。

その前に芳房堂の「あまなっとう」は、「甘納豆」ではなく「甘納糖」と書きます。たしかに材料が豆ばかりとはかぎらないので糖の字を使うのもうなずけます。

さて芳房堂の一番人気である渋皮が付いたままの栗甘納糖「初霜風情」は、ひと粒二百円前後かと思われます。いやいや値段の前に味を紹介しなくてはいけません。

大きな栗を丸ごと糖蜜で煮て、グラニュー糖がまぶしてあります。小豆や黒豆や花豆などの甘納豆とは、その大きさからして存在感が違います。長さが四センチ前後、幅も二センチぐらいの大きさです。気がせいて、指でつまんでパクリと食べました。しかし、パクリとかじると二回で楽しみが終わって

しまうので、小さなナイフとフォークで四分の一ずつに切り分ければ、四回楽しめるというものです。

煮含め方に芳房堂ならではの技術があるのでしょうが、ちゃんと栗の味がします。とかく普通の甘納豆は素材のうまみが失われがちですが、一緒に買い求めた芋納糖もしっかり芋のうまさが残してありました。

さて甘納豆を食べるときの飲み物となると、それぞれの好みがあるでしょう。フランスの代表的な栗のお菓子マロングラッセはブランデーに合いますが、栗甘納糖はどうでしょうか。せっかくの栗のおいしさを消さないようにするには、焙じ茶などがいいのかも。

では食べるタイミングは？　十時のおやつか、三時のおやつか、夕食後のデザートか。どれも違うような気がします。私なら夜更けにジャズピアノを聞き、こむずかしい小説を読みながら、食べてみたい気がします。そうなると焙じ茶ではなくて、シングルモルトウイスキーが合うのかも……。

芳房堂の陳列ケースのなかには進物用の箱詰めが何種類か並んでいます。手みやげ用には陳列ケースの上に袋入りが並べてあって、さらに少量パックや、少し割れたり欠けたりしているお徳用パックまで用意されています。対応が行き届いた店員に遠慮なく尋ねることができます。

●芳房堂
〒370-0042 群馬県高崎市貝沢町1069
電話 027-361-4170
http://www.kuri-amanattou.co.jp/

第7章

地域限定まんじゅう

1

村上屋餅店のずんだ餅

宮城県仙台市

仙台駅から歩いて十分の村上屋餅店では、できたてのずんだ餅をいただきました。これまで何度もずんだ餅を食べましたが、村上屋餅店のずんだ餅のおかげで、私のずんだ餅観が大きく変わりました。一般的にはずんだ餅と書きますが、村上屋餅店をはじめ仙台の何店舗かは豆の「づ」だから、づんだと書き習わしています。

私の両隣の客は、づんだあん、胡麻あん、くるみあんの三種類が皿にのった餅を食べていましたが、私はづんだだけの一皿を注文しました。

運ばれてきたづんだ餅を見て、驚いたことがあります。一つはあんの色艶です。記憶にあるずんだ餅よりも緑の色が若いのです。日本の伝統の色を表す微妙な色調表と見比べると、若草色よりも透明感があっていちばん似ているのは若菜色と呼ばれている色調でしょうか。口に入れるのが惜しいような優しい色です。それがみごとな黒色の陶器の碗に入っています。黒い碗のなかの緑色といえば、楽焼茶碗でたてる抹茶との対比が思い浮かびます。まずは目で楽しむことができるづんだ餅です。

しばらく眺めたあとに、箸でひと口、づんだあんをなめてみます。口のなかでの溶け具合がフレンチの一流シェフが作った最高級のジェラートのようです。舌の上にあったという記憶や痕跡がないままに溶けてしまいました。店によっては枝豆の舌触りを残すために皮を完全に取っていない場合がありますが、村上屋餅店のづんだ餅には豆の皮はもちろん、形を残した豆はまったく感じられません。だからシルクのような舌触りを感じたのでしょう。

さあ、食べます。づんだあんの下で、密やかに待っていた三個の餅がゆっくり目を覚まします。箸で半分に切り分けて、あんこと一緒にします。そして数秒間眺めてから口に入れました。おー！　デリシャス！　うまい、うまい！　すばらしい、完璧です。づんだあんをのせた最上級の餅でした。グッジョブ！　ここまでづんだを極めた店主の村上さんに、敬意と感謝を捧げます。

なお村上屋餅店のづんだ餅は、砂糖を控えて水分が多いから日持ちがしません。その日のうちに食べるようになっています。その場で味わうのが最高なのです。村上屋餅店のづんだ餅は、優雅で気品があって奥深い感じがしました。

●村上屋餅店
〒980-0023 宮城県仙台市青葉区北目町2-38
電話 022-222-6687

2

茶々と東見屋の焼きまんじゅう

群馬県高崎市・沼田市

群馬県高崎で新幹線を降りると、駅構内に群馬いろはという大きな店があります。その中心にMADE IN GUNMAコーナーがあり、何種類もの焼きまんじゅうが所狭しと並べられています。このように視覚的に迫られると、焼きまんじゅうが群馬名物であることに納得がいきます。持ち帰って電子レンジで温める形式のものや、まんじゅうとたれが別売りになっていて、自分で焼いてたれを塗るものなどさまざまな焼きまんじゅうがあります。

群馬県内には焼きまんじゅう屋が七十軒以上あるとか。まずは高崎駅から徒歩十分、「上州名物元祖焼きまんじゅう」を看板に掲げている茶々に向かいました。

私にとって、生まれて初めての焼きまんじゅう体験です。どこかで食べたことがあるような……。味つけは表面に甘味噌醤油を塗って焼いてあります。信州の馬籠・妻籠の宿場町や岐阜県飛驒高山など、中部地方を中心に食べられてきた五平餅（御幣餅ともいう）に似ているし、名古屋の甘辛風味のみたらし団子のようでもあります。

しかし五平餅はご飯をつぶして練ってあるのでもちもちした食感ですが、群馬の焼きまんじゅうは酒種を加えた小麦粉を材料にして蒸したまんじゅうなので、フワンとしながらも口のなかで自己主張するという少々生意気な食感です。

ひと串に大きなまんじゅうが四個刺してあって、それを別の竹串で切り分けながら食べるので、全部食べたあと、手はベトベトになってしまいます。ひと串百六十円というB級グルメとしても破格の、安あがりのおやつです。

一軒だけでは全貌が明らかにならないので、高崎から上越線で一時間弱の沼田市まで移動です。朝夕は電車が一時間に二本、昼間は一本というローカルな沼田駅前のコンビニエンスストアにも「焼きたて焼きまんじゅうあります」の幟が立っていました。群馬県内には焼きまんじゅうの元祖や本家や創業者などがいたるところにあります。しかし、焼きまんじゅうが生まれたのは沼田市だったという説があり、駅前のコンビニを見て、その説に納得がいきました。一方、同じ焼きまんじゅうでも、群馬県北部では名前が味噌まんじゅうに変わっていました。

沼田市でのお目当ては「元祖」とうたってはいないものの、創業が一八二五年（文政八年）という江戸時代から続く東見屋です。地図で見ると駅から一キロと離れていないので歩くことにしました。ところが、これが大間違い。あとで考えると、この小さな町の駅にタクシーが何台も客待ちをしていたのには理由がありました。私は登山家ではないと不平を言いたくなるくらい、駅と中心市街地では標高差があって、息を切らせながら店に着いたのです。

東見屋は創業百九十年を超える老舗ですが、よくあるような重厚な店構えとか伝統を感じさせる店ではなくて、いたって庶民的で家庭的な店です。

焼きまんじゅう、味噌まんじゅうは基本的にはなかに何も入っていませんが、あんこ入りもあるので、ここではあんこ入りを注文しました。

待っている間に店主の小学生のお孫さんが帰ってきたりと、何ともほほ笑ましい店内です。この子たちも焼きまんじゅうをおやつに食べるのか聞いてみたいと思ったものの、「食べな〜い」なんて言われたら拍子抜けするので、笑顔だけを送っておきました。

焼き上がりました。ひと串に三個、先が二つに分かれた竹のフォークがついてきました。二股フォークを使って串からまんじゅうを外し、二つに切り分けようとしたのですが、どうにも難しい。まんじゅうの皮に粘り気があるのです。ここでも、やっぱり手に味噌がつきました。

たれの味が決め手なので、あんこ入りでもそうでなくても甘さは十分でした。

上州名物は「かかあ天下と空っ風」といわれていますが、いまでは世界遺産の富岡製糸場が筆頭になるのでしょう。B級グルメの焼きまんじゅうと味噌まんじゅうがもてはやされる昨今ならば、まんじゅうが世界遺産を凌駕するのもまた楽しからずや。もっとも、私と同世代以上なら新国劇の辰巳柳太郎演じるところの国定忠治が上州の象徴なのかもしれませんが……。

●茶々
〒370-0848 群馬県高崎市鶴見町5-1
電話 027-322-2070

●東見屋まんじゅう店
〒378-0044 群馬県沼田市下之町875-7
電話 027-822-3470

3

とよだやのみょうがぼち

岐阜県北方町

冷奴や冷やしそうめんの薬味として使ったり、そのまま天ぷらにしたりして使うみょうがは春先から夏場にかけてよく使われる野菜ですが、そのみょうがの葉でくるんだまんじゅうがあります。みょうがぼちという名前で、岐阜県本巣郡北方《きたがた》町で作られてきた郷土のまんじゅうです。みょうが餅ではなくみょうがぼちと呼ばれるのは方言で、もち米をついて作る餅ではなく、小麦粉を練って作るいわゆる団子（厳密には団子は米粉を練って蒸したもの）のことです。

みょうがぼちはもともと田植えシーズンの農家のおやつで、材料も作り方も素朴で、あんこにも独特の味わいがあります。

あんこは乾燥したそら豆をつぶして砂糖を混ぜて練り、そのなかにそら豆の形を残したまま煮たものを混ぜているので舌触りがとてもいいのです。

団子生地の皮にそら豆あんを詰めたものを、最後にみょうがの葉で包んで蒸し上げます。できあがったみょうがぼちにはそら豆の味わいとみょうがの葉の香りがミックスされて、野趣豊かなまんじゅうに仕上がるのです。

みょうがぼちの製造・販売期間は、みょうがの葉が採集できる五月から九月までに限定されます。みょうがの葉は北方町の特産品ともいうべき柿の木の根元をはじめ、広範な畑地で採集されています。

もともとは田植え時期のおやつから始まったみょうがぼちですが、いまでは名古屋や東京へ持っていく季節の手みやげとして大人気です。

●とよだや
〒501-0454 岐阜県本巣郡北方町高屋白木1-50-2
電話 058-323-3035
http://www.toyodaya.net/

4

田ぐちのそば饅頭

長野県木曾町福島

中山道を木曾へ向かう道は両側から山が迫ってきます。峠道ばかりが何回も現れるような錯覚に陥ります。木曾路は、たしかに山のなかを縫って進んでいるようです。

木曾を旅していてお腹がすけばそばがあります。五平餅という手もあります。ちょっと甘いものをというときには、秋なら栗子餅、栗きんとん、栗蒸し羊羹など、景色に溶けるような味わいの菓子があります。

もっと食べたい、途中で食べられるように持って歩きたいという旅人なら饅頭にかぎります。カバンのなかでも、車のなかでも、ポケットに放り込んでおいてもじゃまになりません。饅頭は口のなかでもごもごするからなぁ、と敬遠しがちな人にとっても、木曾路の名物そば饅頭はかなりの優れものです。

そば粉に山芋のすりおろしを加えて練ってあるので、小麦粉だけのまんじゅうよりも口溶けがよく食べやすい。木曾町福島と開田高原を合わせて十軒近くの店があります。少しずつ特徴が違っていて、色も茶色いものから白いものまでさまざまで、形もまん丸と楕円形のものに分かれます。私のお気に入りは、木曾町福島の「田ぐち」のそば饅頭。田ぐちにはほかに、秋だけに製造・販売される栗子餅、初夏だけに作られるほうば巻きというこの地方特有の菓子もあります。

木曾は御嶽山と中山道に象徴される地方です。旅情を楽しみながら季節感あふれる菓子を味わってください。

●御菓子司田ぐち
〒397-0001 長野県木曾郡木曾町福島5283
電話 0264-22-2023
http://kashitaguchi.co.jp/

5

富貴のしりたき

福岡県春日市

口のなかでとろけるような……という表現は物書きとしていかにも稚拙だと反省しながらも、「しりたたき」という菓子は口のなかでとろけるとしか言いようがないのです。

「しりたたき」は焼き菓子ですから、普通のまんじゅうのように表面がしっとりしているわけではなく、見た感じは硬そうなのに、そっと手に取ったつもりでも、はかなく崩れるほどに柔らかいのです。口に入れるとほのかな甘さと、いままでに経験したことがないファンタスティックな舌触りがするのです。これはまいったと、思わずうなります。

福岡県春日市に本店がある富貴《ふうき》は、福岡市にも二軒の店がある和菓子屋で、「お茶々万十」「博多しばらく」「さなぼり」「ちぎり餅」など人気の品がそろっています。私はひととおり食べました。どれもこれも百点満点をつけて問題はありません。

そのなかであえて「しりたたき」を取り上げるのは、やはりネーミングの衝撃の強さのため。しかしてその実態は、「しり」や「たたく」という言葉のニュアンスからはほど遠い、優しさと慈愛に満ちたお菓子です。

富貴本店がある春日市には花嫁を迎える「嫁ごのしりたたき」という祭りがあるそうです。住吉神社の氏子の家で結婚式があるとき、一月十四日旧正月の夜に盛装してお宮参りをする花嫁の尻を、子どもたちがワラで作った棒で叩くという習わしです。新婦が家にいつくよう、子宝に恵まれるようにという願いが込められているということです。私なりにこの祭りを解釈すると、「向こう三軒両隣、地域社会のみなさんと、困ったときは助け合い、うれしいときは喜びを分かち合う仲間になりますよ。仲良く一緒に暮らしましょうね」という、地域共同体に参加するための儀式だと思います。「しりたたき」という言葉から推測されるような嫁いじめの行事ではありません。

だから焼き菓子「しりたたき」にも、ミルク味で蜂蜜やアーモンド、バターなども練り込んだ滋味豊かな味わいがあるのでしょう。包装紙の「しりたたき」の文字の肩に「郷菓」とあるのは、地方限定和菓子の誇りのようにも読めて、うれしいかぎりです。

●お茶々万十本舗富貴
〒816-0825 福岡県春日市伯玄町2-55-3
電話 092-581-9095
http://www.e-wagashi.jp/

6

五勝手屋本舗の五勝手屋羊羹

北海道江差町

五勝手屋《ごかってや》羊羹は、何から何までドキドキさせられる羊羹です。

和菓子は五感で食べるといいます。まず見た目の印象。桜餅や柏餅などの色彩による四季のうつろいや、ふっくらした餅の感じなどが視覚です。次が触覚。手に持ったときの柔らかさ、口に含んだときの噛み心地や舌触りなどが触覚です。味覚は当然のこと、素材そのものの味をどう残しどう引き出しているのかが重要です。嗅覚は材料がもつほのかな香り。そして聴覚は上生菓子の名前「菓銘」がこれに当たるでしょう。花鳥風月、和歌、俳句、歴史、郷土などに関連して名前がつけられると、その和菓子の深みや余韻までが味わえます。

五勝手屋羊羹には、五感以外に昔の記憶をよみがえらせてくれる力があります。例えば、丸い筒型の容器は万華鏡を思い起こさせます。それを巻いてある紙は赤色をベースに黄色と緑色が配され、どこと

なくお祭りの屋台っぽい色調です。文字をよく見ると手書きで「昭和十一年十一月 賜宮内省御買上之栄」とあり、GOKATTEYA&COのAの横棒が点のようだったりOの下になぜか小さな点が二つあったりとひょうきんなのです。全体にデザインがレトロモダンで、これだけでも懐かしくてうれしくなります。

この羊羹については、筒からの取り出し方や食べ方、そもそも五勝手屋本舗の由緒来歴など話さなければいけないことがたくさんあるのですが、とにもかくにも味の話を。

この羊羹はノスタルジーの塊です。昭和の時代にアルマイトの弁当箱の片隅に入っていた金時豆の煮豆の超進化形、それがこの羊羹です。おかずとして食べていた金時豆が寒天のアシストで思い切りオシャレに変身し、菓子に転身したものではないのか……と私は考えています。五勝手屋羊羹の歴史はアルマイト弁当の時代よりもずっと古く、一八七〇年（明治三年）に、北海道産の豆に北前船で運ばれた寒天と砂糖を加えて作られ始めたのだから、比較するのはおかしいけれど、どうも金時豆の煮豆が脳の奥底で眠っていた郷愁を掘り起こすのです。

そもそも羊羹の原料は大半が小豆で白手亡豆が多少使われているぐらいで、赤い金時豆は甘納豆の原料としては使われるものの、あんこや羊羹の材料にしている店はほとんどありません。金時豆と砂糖と寒天を一日がかりで練り上げるので、豆がもつ香りなど消えてしまいそうなものですが、食べ物というのは不思議なもので、どこかに原材料の香りと舌触りが残ります。この羊羹も金時豆独特の豆の香りがフッと漂います。

そして甘さが現代的ではないのも、大きな特徴です。いまの菓子はとろける甘さですが、これは舌の上から口のなか、のどまでずっと同じように甘いままです。消えないのです。

それに硬さ。寒天が多く練りが薄い近頃の水羊羹系のものよりはずっと硬いけれど、一日かけて練ったにしては柔らかいのです。この頃合いのよさがうれしいかぎりです。

五勝手屋羊羹が醸し出す郷愁は金時豆の庶民性もしくは家庭的なところにありますが、それを長年の研究と苦労で北海道一のみやげ物にしたといっても過言ではないでしょう。

円筒と糸を使った切り分け方にも工夫が見られます。①筒の上部にある蓋をはずします。②包装紙をめくります。③糸を出します。④底を押して羊羹を押し出します。⑤糸で切ります。⑥食べ残したら蓋をして保存します。

この一連の作業がみやげ物として喜ばれる要因の一つかもしれません。

●五勝手屋本舗
〒043-0043 北海道桧山郡江差町字本町38
電話 0139-52-0022
http://www.gokatteya.co.jp/

第8章

まんじゅう食いに
捧ぐ

1 まんじゅうと酒飲み

少年時代、大人たちはしょっちゅう宴会をしていました。宴会で決まって大合唱していた歌が久保幸江の「ヤットン節」です。

お酒呑むな酒呑むなの御意見なれど　ヨイヨイ
酒呑みゃ酒呑まずにいられるものですか　ダガネ
あなたも酒呑みの身になってみやしゃんせ　ヨイヨイ
ちっとやそっとの御意見なんぞで　酒止められましょうか
トコ　ねえさん　酒持ってこい

この歌を揉み手の手拍子や座ったままの手踊りではやし立て、茶碗ドラムにお箸スティックが加わり、さらにはおっさん同士がチークダンスまでやっていました。戦争の傷が癒え、『経済白書』（昭和三十一年度版、経済企画庁、一九五六年）は「もはや戦後ではない」とうたい、メディアは神武景気と浮かれまくっていた一九五五年（昭和三十年）前後のことです。
酒飲みは時代と寄り添いながら自分たちの陣地を拡大していったのに、一方でまんじゅう好きは片隅へ片隅へと追いやられてきました。最初にまんじゅうを迫害したのはキャラメルとチョコレート、そしてとどめを刺したのは最強の敵「ケーキ」でした。しかも世の中は八頭身美人だとかハリウッド女優だとか欧米志向に傾き、さらに甘いものは太るというマイナスキャンペーンが餡雲となって上空を覆い、まんじゅうの生きる道は狭められるばかり。男は酒、女はケーキ。まんじゅうを食うのは老人だけになってしまいました。

しかしながら、独り暮らしの高齢者がまんじゅう屋の店先で「桜餅一つとくずまんじゅう一つください」などとは、恥ずかしくて言えません。ちなみに高齢者の社交場ともいうべき東京・巣鴨のとげぬき地蔵商店街の名物塩大福は、どこの店でも二つ入りのパックを用意しています。みごとな配慮じゃないですか。

この場を借りて、まんじゅう屋さんにお願いしたいことがあります。近頃、町のまんじゅう屋やスーパーの店頭のまんじゅう売り場には、六個入りのパックをよく見受けます。あれが四個入りになれば、私は大喜びです。できれば、四個は四種類のまんじゅうで、ついでに贅沢をいえば、なかの二つや三つを冷凍可能のものにして、それを表示してくれれば、私としては大願成就、欣喜雀躍なのです。

もう一つ酒飲みのみなさんにもお願いがあります。酒を飲んだ帰り道に、ぜひ奥様と子どもたちに和菓子のみやげを買って帰ってください。そうすれば「また飲んできたの。たまにはおみやげでも買ってきたらどうなのよ」なんて家族からの愚痴も出なくなるでしょう。ケーキだと一つ四、五百円もするから、家族四人のみやげ代でアッという間に二千円です。でも、まんじゅうはせいぜい一個二百円ほどだから千円でおつりがきます。しかもケーキだと千鳥足と満員電車のせいで、帰宅したころには原形をとどめないまでに……。まんじゅうは姿が崩れません。さあ世の中の酒飲み諸君、まんじゅうを買って帰宅してください。

酒とまんじゅうの共存共栄の巻であります。

2 まんじゅう異人変人伝

酒飲みの話は山ほどあります。私は古今亭志ん生の酔っ払いカニの話が好きです。「なんだか知らねぇけど、蟹てえやつァ横に這うもんだが、この蟹、縦に歩いてるよ」。そしたら、蟹が、「少ぅし酔ってますから」。好きな狂歌は「酒の無い国へ行きたい二日酔い　また三日目には帰りたくなる」と「ほとゝぎす自由自在に聞く里は　酒屋へ三里豆腐屋へ二里」。

しかし、まんじゅう好きの話となるとそうたくさんはありません。

森鷗外の長女・森茉莉のエッセーがちょっといい。

「彼（鷗外）のたべもので変わっていたのは、他所から葬式饅頭を貰うと、琥珀色で、爪の白い清潔な手でそれを四つに割り、その一つをご飯の上にのせ、煎茶をかけてたべるのである」（森茉莉「鷗外の好きなたべもの」、森茉莉、早川暢子編『貧乏サヴァラン』〔ちくま文庫〕所収、筑摩書房、一九九八年、一六五ページ）

ある日、鷗外をまねてまんじゅう茶漬けを試してみようと、お茶とご飯を用意しました。田舎まんじゅう一個を二つに割って、少なめのごはんで茶漬けにして食べてみました。結果は良好。点数をつけるのなら六十八点。もう一つは焼いて焦げ目をつけてから、二杯目のお茶漬けとして食べてみました。味はオッケー。こちらは八十八点。香ばしさがたまらない。市販のお茶漬けあられのようでもあります。

ところが、食べた結果、新たな疑問が生まれました。森茉莉の文章にある「琥珀色で」という形容句が森鷗外の「手」にかかっているのか、あるいは「葬式饅頭」にかかっているのかがあいまいなのです。文章どおり受け取れば手が琥珀色になっているのですが、表現としていかにも不自然です。私が出した結論は、果物も刺し身も火を通してから食ったという異常潔癖症の鷗外は、葬式まんじゅうを焼いて琥珀色にして煎茶をかけて食べたのだと思うのです。でも客観的にみればやっぱり変な偉人、つまり異人です。

立川談志は最中をカレーライスに溶かし込んで食べたというから、これもまねてみました。リンゴと蜂蜜を加えるレトルトカレーと同様に隠し味的な使われ方であって、最中の存在はカレーのなかに埋没してしまいました。それでも最中の皮はしっかりあとまで残っていたから、インドカレーのナンに似ていないわけでもない。

私は生まれつきの下戸ではなく、ある時期までは浴びるほど酒を飲んでいました。そのときの経験からいうと最中はビールに合います。実によく合うのです。皮が香ばしくて、あんに寒天がたくさん使われているので、つるりとした舌触りがいい。ビールのホップが甘いあんに混じり、発泡した炭酸の加減が香ばしさとマッチするのです。日本酒にもワインにもウイスキーにも合わないのですが、ビールにだけは実によく合いました。ぜひチャレンジしてください。

3 砂糖は薬

まんじゅう屋で生まれ育ったからこその、子ども時代の砂糖についての思い出を紹介します。

小学生のころでした。ある日工場の片隅で近《こん》ちゃんという名前の従業員が、木の樽を相手に奮闘していました。樽はお祝い事の鏡開きで使うような高さ・直径ともに五十五センチほどの四斗樽です。興味津々で私が見守るなか、近ちゃんはバールで蓋をこじ開けます。そのなかにはぎっしりと黒砂糖が詰まっていました。かけらで入っているのではなく、樽のなかに黒砂糖がびっしり流し込んであるのです。砂糖きびを絞って抽出した甘い液を煮詰めて精製したものを、そのまま流し込んでありました。

いまでは黒糖は適当な大きさのかけらで売っていたり、粉末にしたものも売られています。しかし、ぎっしり樽に詰まった黒砂糖を使うためには、蓋を開けるのに使ったバールを木槌で黒砂糖に打ち込んで砕いていかなければなりません。かなり硬いので砕いている間に小さな破片がいくつもできます。近ちゃんはそのかけらを黙って私にくれました。まんじゅう屋の子どもでも、店のものを自由に食べるのは許されません。近ちゃんにもらった黒砂糖のかけらが舌でねっとりと溶けた感触を、いまでも思い出します。

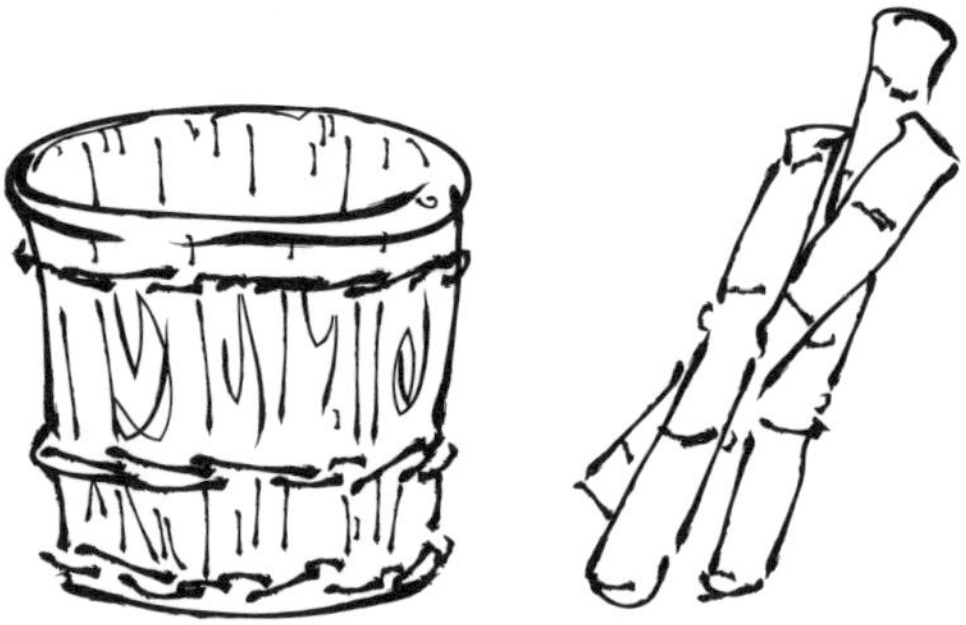

しかし、うちの店で黒砂糖を使う和菓子は作っていなかったはずなのです。研究熱心な母が何か新製品を思いついて四斗樽の黒砂糖を仕入れたのでしょう。黒糖入りカステラと黒糖外郎《ういろう》を作ったことは記憶にありますが、黒糖羊羹が店に並んだ記憶はなく、その後も四斗樽の黒砂糖の思い出はありません。

中学生になってからはときどき小売店の店番を手伝っていました。お歳暮時期に必ず来店するお得意さんがいて、母が丁重に応対していました。私はそのアシストをしたものです。近江真綿という蚕から作る軽くて温かな真綿の製造会社の社長で、注文は毎年二十個以上の砂糖箱なのです。記憶では三斤入りが十箱、五斤入りが十箱ほど。一斤は百六十匁つまり六百グラムです。お歳暮用の砂糖の専用箱があって、そこに規定量の砂糖を入れた袋を詰めて包装していくのです。私の役目は白砂糖を量って袋に詰める作業でした。

いまから思えば、砂糖は貴重品だったので、お歳暮で贈られた相手は喜んだでしょう。病気見舞いに卵、お歳暮に砂糖を送るのが定番でした。あの時代が少々懐かしくもあります。江戸時代までさかのぼれば、砂糖は薬として扱われ、薬種問屋で販売していたのだそうです。

歌川広重の『東海道五十三次』には、あちらこちらであんこを使った餅が描かれていますが、当時の疲労回復には甘い餅がいちばん効く食べ物だったと思われます。

4 まんじゅうと植物

葛まんじゅう、もしくは葛桜という夏場に店頭に並ぶ半透明のまんじゅうがあります。口当たりがつるんと滑らかで涼味を感じさせてくれる、夏ならではの和菓子です。

葛まんじゅうの原料は、植物の葛です。「萩の花 尾花 葛花 なでしこの花 をみなへし また藤袴 朝顔の花」と『万葉集』で秋の七草に選ばれている葛の花の根を掘り出し、砕いて、何度も何度も水にさらして精製したのが葛粉というでんぷんです。古来から奈良県吉野の葛は平安貴族にも寺院でも重宝されてきました。高野山の胡麻豆腐の原料も胡麻と吉野葛です。こんな背景があって、関西の和菓子店では葛を使った菓子作りを競ったものです。

ただし、葛は掘り出すことはできても、それから純粋な葛粉に仕上げるにはたいへんな時間と技が必要とされるので、時代を経るにしたがって葛粉の生産量は減ってきて、いまでは葛まんじゅうも夏の風物詩とはいえなくなっています。

現在では滑らかで口当たりがいい葛百パーセントの本葛が影をひそめ、ジャガイモ、サツマイモ（甘藷でんぷん）、コーンスターチ（トウモロコシのでんぷん）などのでんぷんを混入したものが葛粉と称して売

られているのです。

一方、関東で隆盛を極めているくず餅ですが、こちらは端《はな》っから葛粉は使っていません。小麦粉を一年以上発酵させたものが原料になっています。有名どころでは亀戸天神の船橋屋、池上本門寺入り口近くの相模屋、川崎大師山門前の住吉などがありますが、都内にはまだまだ何十軒もくず餅を作る店があって、どの店でも同じように原材料は葛粉ではなく小麦粉です。

ウンチク本には、置き忘れていた小麦粉が雨に濡れて発酵していたのを捨てずに蒸したところおいしくて、それがくず餅の最初だという話が載っています。俵のなかの大豆が雨に濡れて納豆ができたという話と同じです。

わらび餅のわらび粉も葛粉同様に、現在ではわらびの根から作っているわけではありません。サツマイモのでんぷんがわらび粉として使われるのが一般的です。スーパーで売っているわらび餅にわらび粉はまったく使われていません。

もちろん本わらび粉を使ってわらび餅を作っている

和菓子店は、名古屋の芳光や京都の老舗和菓子屋など何軒もあるので、値段が高くておいしい店のものは本わらび粉を使っていると考えるしか判別方法はありません。

もう一つ、片栗粉は、ギフチョウが蜜を吸う可憐なカタクリの花の根茎から採っているものはありません。主としてジャガイモのでんぷんです。

原材料の表示について以前よりずっと厳しくなっているお役所ですが、葛粉、わらび粉、片栗粉はみごとに放置されたままなのです。

5 もうかるまんじゅう屋の作り方

まんじゅう屋の軒数が増えません。ケーキ屋やパン屋は次々と新規開店しているというのに、まんじゅう屋の新規営業開始という話は聞きません。それどころか、十年前二十年前においしいと評判で買い求めた店が閉店していることも珍しくありません。

こんなご時世ですが、まんじゅう屋がどんどん新規開店して長く営業し続けてくれないと、私たち甘党は困るのです。そこで、順調に商売を続けている店に共通する要素を探して、まんじゅう屋の繁盛の道を模索したいと思います。

まずは人気商品があることが必須条件です。極端にいえば、単品でもかまわない。そうすれば客は一直線に店へ向かいます。ただここには微妙な問題が潜んでいます。まんじゅうを作る人の職人気質です。一つのおいしいまんじゅうを作ることができる職人は、ほかにもおいしいまんじゅうを作る才能と情熱にあふれているものです。だから当然、新製品を作りたがります。

しかし、それがどんなにおいしくても、客はなかなか食べてみようという気にならないのが世の常です。食べ物屋の客ほど保守的な人はいないのです。そうなると新製品が多めに売れても、コストがかかる分だけ総合的な利益は下がります。そこをよく考えて新製品を作ってほしいのです。

次は砂糖を減らす勇気についてです。三十年ほど前まで、お菓子作りには上質の砂糖をふんだんに使うことがまんじゅう屋の誇りでした。しかし現在では「甘さ控えめ」「さっぱりした甘さ」「甘さが残らない」というのが職人の勲章になってしまっています。

甘いことイコール肥満のもとだと考えている人が多いこともあって、甘いまんじゅうは客を逃がすことにしか役立たなくなっています。

まんじゅうを甘くすることは何よりも日持ちにプラスになっていましたが、いまは冷凍技術の飛躍的な進歩、酸化防止剤の開発などで、甘さを控えめにしても製品が傷む心配がなくなっています。

砂糖を減らせばコストが下がるからいいと思われがちですが、甘さ控えめにした分だけ、例えばヨモギの量や黒豆の茹で加減、あんこの質をアップさせるなど、ほかのさまざまなコストがかかるようになっています。痛し痒しですが、甘さ控えめの潮流には逆らえません。

賞味期限

甘さに関連して賞味期限の設定も重要なことです。気をつけてみていると、売れ筋のまんじゅうの賞味期限は必ずしも長くはありません。保存料使用とか防腐剤使用の表示がない製品で、一週間以上日持ちがする朝生菓子があるのは不思議な気がします。朝生というぐらいなので、朝作ったまんじゅうは夕方までに食べるのが前提になっています。その意味では、「本日中にお召し上がりください」と書いてあるまんじゅうこそが信頼に値するといえますが、客にも都合があります。自分と家族が食べるのならともかく、手みやげに持参するものには賞味期限が長いほうを選んでしまいます。さらに取り寄せに対応するためにも、賞味期限が長めのほうが有利です。時代の進歩、文明の進歩は食べることの常識をくつがえし続けています。

まんじゅう屋に考えてほしいのは、製造を早朝から昼前で終了してしまうと、夕方には品薄になってしまうので、午前中の販売用は早朝に作り、夕方からの販売分は午後に作るようにすれば、会社員が会社帰りにできたてのまんじゅうを持ち帰ることができます。

まんじゅうに限らず生の食品を扱う商売のいちばんの悩みは、売れ残った商品の扱いです。店を閉める前にパックにして値下げするか、最悪は捨てざるをえません。これには誰でも抵抗があるので、いっそ夜遅くまで働く病院、駅、交番、工事現場の人たちに配ってはいかがでしょうか。

一子相伝

もうかるまんじゅう屋を作る方法で、最後に考えなければならないのは後継ぎ問題です。早起きで土曜日・日曜日にも働く父親を見ていれば、たいていの子どもはまんじゅう屋の後継ぎになる道を選びません。現在、後継ぎ候補として可能性があるのは、製菓学校の卒業生と都会の老舗や有名店で修業をしながら独立資金がない若い職人たちです。いまでは女性の職人も決して珍しくはありません。そういう人たちを後継ぎ候補として、教えながら働いてもらうのが近道かもしれません。

まんじゅう屋には工夫を凝らして、もうかる道を探ってほしいものです。

6 まんじゅうと漢字

まんじゅうがほかの食べ物に比べて苦労しているのは「漢字」ではないでしょうか。本書では商品名に漢字の饅頭がついているもの以外は、すべて平仮名でまんじゅうと表記しました。というのも、そもそも饅頭という漢字が難しい。食偏とはいうものの饅の左側は食べるという字ではないからややこしいのです。書き順を調べるともっと厄介なことになります。しかも頭をじゅうと読めというのですから、初手からハードルが高くなってしまいます。

続いて餡。これも正確に書こうとすると難しい。旁《つくり》の下半分が臼ですから書きにくい。餅も書こうとするとちょっと戸惑います。さらに粒あんはいいですが漉《こ》しあんとなるとついていけません。漉すという漢字をほかに使うときは「紙漉《す》き」があるのですが、この場合は「こす」ではなく「すく」なのですから困ってしまいます。日本語のややこしいことを和菓子用の漢字に集約させているのかとひがみたくもなります。

まんじゅうの基本が全部難しい漢字で成り立っているのは、カタカナ一辺倒のケーキとの大きな違いです。

羊羹という漢字を書ける人も少ないでしょう。かといって羊かんやようかんでは、羊羹のありがたみがなくなります。

最中を「もなか」と読める若い人も少なくなってきて、平気で「さいちゅう」と読んでいます。

求肥は「きゅうひ」と濁らずに読むかもしれませんが、かろうじて「ぎゅうひ」と読むことはできます。でも、どんなお菓子なのかと尋ねると、ちょっと口ごもる人も出てきます。

茶の湯をたしなまれる人にとってお正月になくてはならないはなびら餅は、花びら餅ではなく葩餅と書きます。

上品なまんじゅうであるじょうよ饅頭も、上用ではなく薯蕷です。薯蕷とは長芋、山芋、大和芋、つくね芋などを指す言葉で、小麦粉に混ぜて使うと舌触りが滑らかになり、ほんのり香りがしてふっくら仕上がるのです。

まったくもって和菓子の漢字のややこしさにはお手上げです。さらに店の名前にも少々頭を悩まされます。店名の後ろにつく漢字も悩みの種。虎屋菓子舗、虎屋菓子司、虎屋老舗はなんと読めばいいのでしょうか。「とらやかしほ」「とらやかしつかさ」「とらやろうほ」と読みますが、最後は「とらやしにせ」と読んでいる店もあります。ついでですが、御菓子司は「おんかしつかさ」です。

おわりに

立川談志さんへ、毎年、栗きんとんをお送りしていました。
その礼状を原文のまま書き写します。

嵐が吹いて、やっと秋風の東京であります。
家元、何ィやってもツマラナイ
で、我が家でゴロゴロ暮らしている。
東京は結構見る処もあるのだけれど……やっぱりツマラナイ。
この栗、美味ぃ、早速五個喰った。いつもいつも済いません。
その内に元気になります。
まだ、いくらかシャバに未練もあるし……。

お礼だか、愚痴だか判ンない……。
9／26　DANSHI

一九九六年の消印があります。

ひとつひとつのおまんじゅうにひとつひとつの思い出があります。
そういうおまんじゅうとの出会いと記憶を大切にしたいと思っています。

二〇一六年晩秋

［著者略歴］
弟子吉治郎（でし きちじろう）
1947年、滋賀県生まれ
関西学院大学卒業。中部日本放送勤務を経て、プロダクション設立のため独立
著書に『立川談志 鬼不動――天空のネタ下ろし』（河出書房新社）、『湖猫、波を奔る』（サンライズ出版）、共著に『龍太郎歴史巷談――卑弥呼とカッパと内蔵助』（光文社）、『引退――嫌われ者の美学』（青春出版社）など

日本《にほん》まんじゅう紀行《きこう》

発行――2017年1月20日　第1刷
定価――1800円＋税
著者――弟子吉治郎
発行者――矢野恵二
発行所――株式会社青弓社
〒101-0061 東京都千代田区三崎町3-3-4
電話 03-3265-8548（代）
http://www.seikyusha.co.jp
印刷所――三松堂
製本所――三松堂

ISBN978-4-7872-2068-4 C0026

吉野りり花

日本まじない食図鑑

お守りを食べ、縁起を味わう

季節の節目の行事食や地域の祭りの儀礼食、五穀豊穣などを願う縁起食などの全国に息づく「食べるお守り」＝まじない食と、その背景にある民俗・風習、それを支える人々の思いをカラー写真とともに紹介する。　定価2000円＋税

合田一道

日本の奇祭

尻振り祭り、鍋冠り祭り、ベッチャー祭り、提灯もみ……。生活に深く根ざした祭りは、その土地の色であり、匂いであり、温度そのものである。各地で連綿と受け継がれている奇祭を訪ね、写真を添えて紹介する。　定価2000円＋税

魚柄仁之助

台所に敗戦はなかった

戦前・戦後をつなぐ日本食

家庭の食事を作っていた母親たちは、あるものをおいしく食べる方法に知恵を絞って胃袋を満たしていった。戦前―戦中―戦後の台所事情を雑誌に探り、実際に作って、食べて、レポートする、「食が支えた戦争」。　定価1800円＋税

西村大志／近森高明／右田裕規／井上義和 ほか

夜食の文化誌

ラーメンやおにぎりなど、受験勉強や夜型生活になくてはならない夜食は、どのようにして全国に普及して、一つの文化として成熟したのか。文化的・歴史的な過程をたどりながら、夜食と日本人との関係を考察する。定価1600円＋税

武田尚子

もんじゃの社会史

東京・月島の近・現代の変容

月島を代表する文化＝もんじゃを題材にして、下町とウォーターフロントの両面をもつ月島の歴史を描き、商店街の経営者たちのネットワークや働く女性たちのたくましさ、進化する下町のローカル文化を照らす。　定価2000円＋税